Heranças & Partilhas

Heranças & Partilhas

GUIA PRÁTICO

2017 · 6ª Edição

Carlos Ricardo Soares
Mestre em Informática Educacional

Atualizada, de acordo com a Lei nº 23/2013, de 5 de março, que aprovou o RJPI – Regime Jurídico do Processo de Inventário, e com a Portaria nº 46/2015 de 23 de fevereiro, que procedeu à primeira alteração da Portaria nº 278/2013, de 26 de agosto.

PARTILHA
  MORTIS CAUSA
  EM VIDA
DOAÇÕES
  MORTIS CAUSA
  INTER VIVOS
TESTAMENTOS
LEGISLAÇÃO

HERANÇAS & PARTILHAS

AUTOR
Carlos Ricardo Soares
1ª Edição: Setembro, 1997

EDITOR
EDIÇÕES ALMEDINA, S.A.
Rua Fernandes Tomás, nºs 76-80
3000-167 Coimbra
Tel.: 239 851 904 · Fax: 239 851 901
www.almedina.net · editora@almedina.net

DESIGN DE CAPA
FBA.

PRÉ-IMPRESSÃO
EDIÇÕES ALMEDINA, SA

IMPRESSÃO E ACABAMENTO
Vasp - DPS

Dezembro, 2016

DEPÓSITO LEGAL
419375/16

Apesar do cuidado e rigor colocados na elaboração da presente obra, devem os diplomas legais dela constantes ser sempre objeto de confirmação com as publicações oficiais.
Os dados e as opiniões inseridos na presente publicação são da exclusiva res-ponsabilidade do(s) seu(s) autor(es).
Toda a reprodução desta obra, por fotocópia ou outro qualquer processo, sem prévia autorização escrita do Editor, é ilícita e passível de procedimento judicial contra o infrator.

 GRUPOALMEDINA

BIBLIOTECA NACIONAL DE PORTUGAL – CATALOGAÇÃO NA PUBLICAÇÃO
SOARES, Carlos Ricardo, 1957-
  Heranças & partilhas : guia prático. – 6ª
ed. - (Guias práticos)
ISBN 978-972-40- 6852-7

CDU   347

Parte I
A Partilha da Herança

A partilha da herança é uma partilha *mortis causa*.

Mas a partilha de bens também pode ter lugar **em vida** dos presumidos herdeiros legitimários, como sucede na partilha em vida ou, seguindo os termos previstos para o inventário, em geral, nos casos especiais de partilha:

a) em consequência de separação, divórcio, declaração de nulidade ou anulação de casamento.

b) para separação de bens em consequência de penhora em bens comuns do casal, ou tendo de proceder-se a separação por virtude da insolvência de um dos cônjuges.

c) em consequência de justificação de ausência.

A partilha que constitui objeto de análise do presente guia é a partilha de heranças, que pode ser feita por acordo ou mediante processo de inventário.

Capítulo I
Quando haja herdeiros legitimários

HERDEIROS LEGITIMÁRIOS	LEGÍTIMA	QUOTA DISPONÍVEL
Cônjuge 2158º CC	1/2	1/2
Cônjuge e filho(s) 2159º CC	2/3	1/3
Cônjuge e ascendente(s)		
global 2161º 1 CC	2/3	1/3
subjetiva do cônjuge 2142º 1 CC	2/3 x 2/3 = 4/9	
subjetiva dos ascendentes 2142º 1 CC	1/3 x 2/3 = 2/9	1/3
1 Filho 2159º CC	1/2	1/2
Filhos 2159º CC	2/3	1/3
Ascendentes (pais)	1/2	1/2
Ascendentes (avós)	1/3	2/3

A. Sem doações nem testamentos

Vamos considerar, neste ponto, que o autor da sucessão não fez quaisquer liberalidades, designadamente, doações entre vivos, despesas gratuitas, doações *mortis causa*, ou testamentos.

São chamados à sucessão o **cônjuge** e os **descendentes**.

Não havendo **descendentes**, serão chamados o **cônjuge** e os **ascendentes**.

Na falta de **ascendentes**, apenas o **cônjuge** é chamado.

Inexistindo **cônjuge**, se houver **descendentes**, apenas estes serão chamados.

Na falta de **cônjuge** e de **descendentes**, serão chamados apenas os **ascendentes**.

Estas regras, porém, em geral, deverão ser conjugadas com as regras respeitantes à aceitação e repúdio da herança e ao direito de representação e de acrescer[1].

O sucessível, tendo conhecimento de haver sido chamado à sucessão, se não aceita a herança no prazo de dez anos, fica sujeito à caducidade do respetivo direito – artigos 2059º e 2075º, do Código Civil.

Aceitando a herança o sucessível adquire-a. Se o direito de aceitação se extingue (ou porque repudia, ou porque o não exerce naquele prazo de dez anos), a sua vocação sucessória fica sem efeito retroativamente, tudo se passando como se não fora chamado à herança. Não se torna herdeiro efetivo e não chega a adquirir o direito de petição de herança, o qual pressupõe a aceitação. Assim, a referida caducidade faz paralisar o direito a peticionar a herança.

---

[1] Ver: sobre a aceitação (expressa ou tácita) e o repúdio (sempre expresso) da herança – artigos 2032º; 2050º; 2056º; 2063º, do Código Civil.

A ACEITAÇÃO

A aceitação espontânea (expressa ou tácita) verifica-se quando o sucessor pratica atos inequívocos que traduzem a sua vontade de aceitar a herança.

A aceitação provocada verifica-se se a declaração da vontade de aceitar vem na sequência de um processo cominatório de aceitação (desenvolver referências a este processo).

O REPÚDIO

O repúdio tem de ser sempre formulado expressamente – 2063º, do Código Civil.

Deverá ser feito por escritura pública, se a alienação dos bens da herança dever obedecer àquela forma, ou por documento particular, nos restantes casos – 2126º, do Código Civil.

O repúdio da herança ou legado só pode ser feito com o consentimento de ambos os cônjuges, a menos que, entre eles, vigore o regime da separação de bens – 1683º-2 e 1687º, do Código Civil.

O repúdio por parte de incapazes – menores, inabilitados e interditos – depende de autorização judicial – 1889º-1-j); 1890º-1; 1938º-1-a); 139º; 153º-1, do Código Civil.

Se não ocorrer uma substituição direta, por o *de cuius* não o ter estipulado – 2281º-1 – ou por ela não ser possível – 2027º para a sucessão legitimária – há lugar, hierarquicamente, ao direito de representação a favor dos descendentes do sucessível, ao direito de acrescer para os outros sucessíveis, ou ao chamamento dos sucessíveis legais com prioridade de designação.

Outra possibilidade de paralisação do direito a peticionar a herança é quando tiver ocorrido a usucapião. Com efeito, a posse de todos ou de parte dos bens da herança, por determinado prazo, verificadas as condições que a lei estabelece para a sua relevância, é suscetível de conduzir à usucapião, quer a posse tenha sido exercida por terceiros, quer o tenha sido por algum herdeiro, com ou sem precedência de eventual partilha amigável e intitulada.

Em todo o caso, a caducidade do direito de aceitação ou repúdio implica o chamamento dos sucessíveis com designação sucessória imediatamente prevalente (2032º-2 do Código Civil), valendo para estes novo prazo de dez anos.

O cônjuge receberá toda a herança se não concorrerem descendentes, nem ascendentes.

Da mesma forma, para os descendentes, e para os ascendentes, quando não concorram com o cônjuge.

1. Cônjuge único herdeiro

A legítima[2] do cônjuge, se não concorrer com descendentes, nem ascendentes, é de ½ da herança – artigo 2158º, do Código Civil.

Entende-se por legítima a porção de bens de que o testador não pode dispor, por ser legalmente destinada aos herdeiros legitimários.

Embora a lei refira o testador, não só as disposições testamentárias, mas também as outras liberalidades, por ex. as doações, deverão respeitar a legítima, artigo 2156º, do Código Civil.

Uma vez que estamos a considerar que o cônjuge falecido não dispôs dos seus bens, nem *inter vivos*, nem *mortis causa*, o cônjuge sobrevivo é único herdeiro de toda a herança.

Atendendo a que ½ da herança lhe cabe por **sucessão legitimária** e a outra ½, por **sucessão legítima** – artigos 2132º e seguintes do Código Civil.

---

[2] Legítima do cônjuge, se não concorrer com descendentes nem ascendentes (1/2).
Exemplo: **A** falece sem descentes nem ascendentes, sobrevivendo-lhe o cônjuge.
A **quota disponível** é a porção de bens da herança de que o *de cuius* pode dispor livremente, quer por doação *inter vivos*, quer por doação *mortis causa*, quer por testamento. A quota disponível é toda a herança, não havendo herdeiros legitimários, mas será a quota restante da legítima, havendo-os.

2. Sendo herdeiros o cônjuge e os descendentes

A legítima do cônjuge e dos filhos, em caso de concurso, é de 2/3 da herança – artigo 2159º.

Aos descendentes e ascendentes equiparam-se os adotados plenos e os adotantes plenos, respetivamente.

Se não houver herdeiros legitimários, nos bens da herança sucederão aqueles que o autor da sucessão tenha instituído como herdeiros ou legatários, contratuais ou testamentários, a menos que tenha falecido sem ter disposto válida e eficazmente do seu património, caso em que lhe sucederão os irmãos e seus descendentes.

Não havendo estes (ou não aceitem ou repudiem a herança), suceder-lhe-ão outros colaterais até ao quarto grau e, por último, não os havendo, o Estado.

É o que se chama sucessão legítima, que é uma sucessão legal supletiva.

Como no número anterior, toda a herança se lhes defere, uma vez que o autor da sucessão não dispôs da quota disponível.

Configuremos um exemplo para melhor compreensão do que é, aqui, a **legítima global** de 2/3 e do que é a **legítima**[3] **subjetiva** de cada herdeiro.

---

[3] Mecanismos legais de defesa, por parte dos sucessíveis legitimários da reserva hereditária (legítima).

a) Possibilidade de requererem a interdição por habitual prodigalidade do autor da sucessão – Se este se mostrar incapaz de gerir/administrar convenientemente o seu património, nos termos dos artigos 141º, 152º e 156º, do Código Civil. Trata-se de uma providência de carácter preventivo de que poderão lançar mão os parentes sucessíveis e, obviamente, os herdeiros legitimários.

b) Possibilidade de invocarem a nulidade dos negócios simulados feitos pelo autor da sucessão com o propósito de os prejudicar – artigo 242º-2, do Código Civil.

c) Possibilidade de redução por inoficiosidade das liberalidades do autor da sucessão, que ofendam a legítima. As doações entre vivos, as doações por morte e as disposições testamentárias são redutíveis a requerimento dos herdeiros legitimários ou dos seus sucessores " em tanto quanto for necessário para que a legítima seja preenchida". O que significa que a disposição gratuita de bens, pelo autor da sucessão, na medida em que ofenda a legítima, é suscetível de restituição, em dinheiro ou em espécie.

PARTE I. A PARTILHA DA HERANÇA

O artigo 2139º-1, do Código Civil, estabelece que:

"a partilha entre o cônjuge e os filhos faz-se por cabeça, dividindo-se a herança em tantas partes quantos forem os herdeiros" e que "a quota do cônjuge, porém, não pode ser inferior a ¼ da herança".

Se o cônjuge concorrer com menos de quatro descendentes, não é favorecido, na medida em que aquela legítima global se divide entre eles, em partes iguais.

Se o cônjuge concorrer com quatro ou mais descendentes, já é favorecido[4], na medida em que lhe assiste sempre, pelo menos, ¼ daquela legítima global.

De acordo com o artigo 2103º-A, nº 1, do Código Civil, o cônjuge sobrevivo tem direito a ser encabeçado, no momento da partilha, no direito de habitação da casa de morada de família e no direito de uso do respetivo recheio.

Tal encabeçamento, porém, pressupõe que na partilha a titularidade da propriedade de tais bens venha a caber a outros herdeiros. Neste caso, tais direitos são avaliados e vão integrar a eventual meação ou o quinhão hereditário do cônjuge sobrevivo, devendo este tornas se o valor recebido exceder o da sua parte e meação, se a houver.

Por sua vez, o artigo 2018º do Código Civil prevê o direito de apanágio a favor do cônjuge sobrevivo.

Exemplo:

A falece, tendo-lhe sobrevivido o cônjuge e 4 filhos.

A herança é de 60.000,00 euros.

Sendo a legítima global de 2/3 x 60.000,00 = 40.000,00, a legítima subjetiva do cônjuge é de ¼ x 40.000,00 = 10.000,00.

Por sua vez, a legítima subjetiva de cada filho é de 7.500,00 euros = (40.000,00-10.000,00) = 30.000,00:4.

Na nossa hipótese, portanto, ao cônjuge cabem 10.000,00 euros, por sucessão legitimária e 5.000,00 euros, por sucessão legítima; a cada descendente cabem 7.500,00 euros, por sucessão legitimária e 3.750,00 euros, por sucessão legítima.

---

[4] O DL 496/77, de 25 de Novembro, introduziu um tratamento mais favorável do cônjuge.

Ou seja, ao cônjuge cabem 15.000,00 euros e, a cada descendente, 11.250,00 euros.

3. Sendo herdeiros o cônjuge e ascendentes

A legítima do cônjuge e dos ascendentes, em caso de concurso, é de **2/3** da herança – artigo 2161º-1, do Código Civil.

Se não houver descendentes e o autor da sucessão deixar cônjuge e ascendentes, ao cônjuge pertencerão duas terças partes e aos ascendentes uma terça parte – artigo 2142º-1, do Código Civil.

Importa distinguir:
- a **legítima global** do cônjuge e dos ascendentes, que é de 2/3 da herança;
- a **legítima subjetiva** do cônjuge, que é de $2/3 \times 2/3 = 4/9$;
- a **legítima subjetiva** dos ascendentes, que é de $1/3 \times 2/3 = 2/9$;

Exemplo:

A falece sem descendentes, sobrevivendo-lhe o cônjuge e os pais.
A herança é de 45.000,00 euros.

Sendo a **legítima** global de $2/3 \times 45.000,00 = 30.000,00$, a **quota disponível** é de 15.000,00 euros, a **legítima subjetiva** do cônjuge é de $(2/3 \times 30.000,00) = 20.000,00$ euros e, por sua vez, a **legítima** dos ascendentes é de uma terça parte, ou seja, $(1/3 \times 30.000,00) = 10.000,00$ euros.

Assim, ao cônjuge cabem 20.000,00 euros, por sucessão legitimária e 10.000,00 euros, por sucessão legítima, num total de 30.000,00 euros.

Aos ascendentes cabem 10.000,00 euros, por sucessão legitimária e 5.000,00 euros, por sucessão legítima, num total de 15.000,00 euros.

4. Descendente único herdeiro

Não havendo cônjuge sobrevivo, a legítima dos filhos é de **1/2** ou **2/3** da herança, conforme exista um só filho ou existam dois ou mais – artigo 2159º-2, do Código Civil.

Ao descendente herdeiro único caberá toda a herança, **1/2**, por sucessão legitimária e **1/2**, por sucessão legítima.

5. Sendo herdeiros apenas descendentes

Como foi referido no número anterior, sendo dois ou mais os herdeiros descendentes, a legítima é de 2/3.

Se o autor da sucessão não deixar cônjuge sobrevivo, a herança divide-se pelos filhos em partes iguais – artigo 2139º-2, do Código Civil.

Caber-lhes-ão 2/3 por sucessão legitimária e 1/3, por sucessão legítima.

6. Sendo herdeiro(s) só ascendente(s)

Se o autor da sucessão não deixar descendentes, nem cônjuge sobrevivo, **a legítima dos ascendentes** é de 1/2 ou de 1/3 da herança, conforme forem chamados os pais ou os ascendentes do segundo grau e seguintes – artigo 2161º-2, do Código Civil.

Na falta de cônjuge, os ascendentes são chamados à totalidade da herança – artigo 2142º-2, do Código Civil.

Exemplo:

A falece no estado de solteiro, divorciado ou viúvo, sobrevivendo-lhe o(s) pai(s), ou avós, ou bisavós, etc..

É aqui aplicável, com algumas adaptações, o que ficou dito nos exemplos anteriores.

B – Havendo doações[5] e testamentos[6]

Situações diferentes das versadas no ponto anterior são aquelas em que o autor da sucessão tenha feito doações entre vivos, ou tenha disposto gratuitamente dos bens por morte (*mortis causa*).

Os poderes de disposição dos bens por morte são limitados pela lei. Restringem-se a três casos de doações por morte feitas em convenção antenupcial, ligados ao casamento e à ideia de o favorecer e aos poderes de disposição por testamento.

Mesmo assim, ocorrendo sucessão legitimária, tais poderes não vão além da quota disponível do autor da sucessão, estando sujeitos a eventual redução por inoficiosidade das liberalidades.

---

[5] Ver parte III, capítulo II, DOAÇÕES *inter vivos*.
[6] Ver parte IV, TESTAMENTOS

Quando se está perante uma sucessão legitimária e tenha havido liberalidades do *de cuius*, também serão chamados à sucessão, de acordo com os respetivos títulos de vocação sucessória, os donatários *mortis causa*[7] e os testamentários.

Aos herdeiros legitimários caberá sempre, pelo menos, **a quota legítima.**

Entende-se por legítima a porção de bens de que o testador não pode dispor, por ser legalmente destinada aos herdeiros legitimários – artigo 2156º, do Código Civil.

A lei refere o testador, mas não só as disposições testamentárias deverão respeitar a legítima. Também as outras liberalidades, como por exemplo, as doações.

Com efeito, quando as liberalidades excedem a quota disponível e ofendem a legítima, serão inoficiosas e, como tais, redutíveis àquele limite.

Se as liberalidades não esgotarem a quota disponível, então, os herdeiros legitimários ainda terão direito ao **remanescente.**

Assim, para calcular a legítima, ter-se-á em conta o

VALOR GLOBAL DA HERANÇA

que, nos termos do artigo 2162º-1, do Código Civil, se obtém pela **avaliação dos bens existentes** no património do autor da sucessão, à data da sua morte, **deduzindo** a estes valores **as dívidas da herança**[8]; ao

---

[7] DOAÇÕES POR MORTE *(mortis causa)* – Casos em que são admissíveis:

a) Pode a Convenção Antenupcial conter uma doação *mortis causa* em que, a favor de um ou de ambos os esposados, uma terceira pessoa o(s) institua seu(s) herdeiro(s) ou legatário(s) – artigos 1700º-1, *a)*, 1754º e 1755º, do Código Civil.

b) Podem os esposados, na Convenção Antenupcial, por doação *mortis causa*, instituirem-se, reciprocamente ou apenas em favor de um deles, herdeiros e legatários entre si – artigos 1700º-1, *a)*, 1754º e 1755º-2.

Diferentes destas doações por morte são as doações entre casados, reguladas nos artigos 1761º e segs, que só podem revestir a forma de doações *inter vivos*.

c) Um ou ambos os esposados podem, na convenção antenupcial, instituir, através de doação *mortis causa*, seu herdeiro ou legatário, um terceiro, que seja pessoa certa e determinada e que intervenha como aceitante na convenção antenupcial – artigos 1700º e 1705º, do Código Civil.

[8] Os bens doados não respondem pelas dívidas da herança.

valor assim obtido **adiciona-se o valor dos bens doados** e **o valor das despesas sujeitas a colação.**

Ou seja,

VALOR GLOBAL DA HERANÇA[9] = valor dos bens existentes no património do autor da sucessão, à data da sua morte – dívidas da herança + valor dos bens doados[10] + valor das despesas sujeitas a colação.

Está sujeito a colação tudo quanto o falecido tiver despendido gratuitamente em proveito dos descendentes.

Excetuam-se as despesas com o casamento, alimentos, estabelecimento e colocação dos descendentes, na medida em que se harmonizem com os usos e com a condição social e económica do falecido – artigo 2110º-1 e 2, do Código Civil.

Todas as doações e despesas gratuitas sujeitas a colação devem ser conferidas – o donatário, na suscetibilidade de uma redução efetiva da doação na partilha, pode repudiar a herança, ficando assim escusado da colação. Só assim não seria se a doação estivesse sujeita à condição resolutiva de aceitação da herança do doador.

---

[9] Para efeitos de cálculo da legítima.
Sucinta referência aos encargos da herança e respetivas prioridades – artigos 2068º a 2070º, do Código Civil –
1 – Despesas com funeral e sufrágios;
2 – Testamentaria, administração e liquidação do património hereditário;
3 – Dívidas do falecido;
4 – Legados.
Passado o prazo de cinco anos as prioridades desaparecem e a responsabilidade passa a ser indiscriminada. Os credores da herança e os legatários gozam de preferência durante cinco anos sobre os credores pessoais do herdeiro – artigo 2070º, do Código Civil.
O herdeiro conserva, em relação à herança, até à sua integral liquidação e partilha, todos os direitos e obrigações que tinha para com o falecido, exceto os que se extinguem por efeito da morte deste, artigo 2074º, do Código Civil.
Os legados só serão cumpridos depois de pagos os outros encargos, pelo que, se for necessário, serão reduzidos rateadamente.
[10] Trata-se das doações feitas em vida – aos herdeiros legitimários (sujeitas ou não à colação), ou outras pessoas – e não das doações *mortis causa*, que irão sair da massa hereditável, nem dos legados ou das disposições testamentárias a título de herança, que também sairão do património hereditário.

O donatário, aceitante da herança, deverá incorporar o valor da doação na sua quota legitimária e nas quotas hereditárias a que seja chamado por sucessão legítima e voluntária.

Se não houver na herança bens suficientes para igualar todos os herdeiros, nem por isso são reduzidas as doações, salvo se houver inoficiosidade, artigo 2108º-2, do Código Civil.

1. Cônjuge único herdeiro legitimário

Sendo a legítima do cônjuge de 1/2 da herança, como vimos, quer isto dizer que o cônjuge falecido poderia ter disposto livremente, por doação *inter vivos,* doação *mortis causa,* ou testamento, de 1/2 dos seus bens[11].

Se, por hipótese, o fez até esse limite, não há ofensa da legítima do cônjuge, que herdará apenas 1/2 da herança, por sucessão legitimária.

Havendo instituição de herdeiro, por doação *mortis causa,* ou por testamento, há que proceder à partilha.

Para o cálculo da legítima do cônjuge será, então, necessário atender ao **valor global da herança**, como se exemplifica, *infra.*

Aliás, qualquer co-herdeiro ou o cônjuge meeiro tem o direito de exigir partilha quando lhe aprouver, artigo 2101º-1, do Código Civil.[12]

A partilha pode realizar-se por acordo de todos os interessados diretos, sem necessidade, portanto, de requerer **inventário.**

Se, porém, não houver acordo de todos os interessados em fazer a partilha, qualquer deles que pretenda fazer cessar a indivisão, pode requerer inventário[13], nos termos do artigo 4º do anexo à Lei nº 23/2013, de 5 de março, e artigos 2101º e 2102º, do Código Civil.

---

[11] Avaliar se as doações ultrapassam ou não a quota disponível, pode constituir um problema a resolver. Como é sempre, também, um problema de partilha a resolver, havendo instituição de herdeiro, por doação *mortis causa,* ou por testamento, por ex. de ½ , ou de outra parte da herança.

[12] É um direito imprescritível e irrenunciável. Porém, a lei permite convencionar-se que o património se conserve indiviso por certo prazo, que não exceda cinco anos, podendo renovar--se este prazo, uma ou mais vezes.

[13] O processo de inventário, que tem normalmente papel divisório, pode também servir para descrição ou arrolamento de bens, ter finalidades de liquidação de dívidas da herança ou, também, de verificação de inoficiosidades. Se o herdeiro aceita uma herança pura e simplesmente, sem primeiro inventariar os bens para saber se eles chegam para pagar as dívidas da herança, pode vir a ter de provar que os bens próprios da herança não são suficientes

PARTE I. A PARTILHA DA HERANÇA

Procede-se à **partilha por inventário**:

a) Quando não houver acordo de todos os interessados na partilha;

b) Quando o Ministério Público entenda que o interesse do incapaz a quem a herança é deferida implica aceitação beneficiária;

c) Nos casos em que algum dos herdeiros não possa, por motivo de ausência em parte incerta ou de incapacidade de facto permanente, intervir em partilha realizada por acordo.

Quanto à partilha de imóveis ou de quotas de sociedade de que façam parte imóveis, deverá ela, em princípio, e como vem sendo prática notarial, ser precedida ou acompanhada de escritura de habilitação de herdeiros, ou de título judicial idêntico.

Na hipótese que estamos a considerar de haver o cônjuge como único herdeiro legitimário e outros herdeiros voluntários (testamentário e donatário *mortis causa*), importa determinar, descrever e avaliar os bens hereditários (e, se for caso disso, liquidar os encargos da herança, proceder à remição de direitos de terceiro) e, como operações de partilha, propriamente dita:

1 – calcular o valor da herança partilhável,

2 – separar eventuais meações,

3 – determinar em valor as quotas dos herdeiros,

4 – preencher em concreto os quinhões hereditários[14].

No cálculo do valor da herança pode ser necessário ter em conta:

– o regime matrimonial de bens (nos casamentos celebrados até 31 de Maio de 1967, o regime de bens supletivo é o da comunhão geral, artigo 1098º, do Código de Seabra; nos casamentos contraídos a partir de 1 de Junho de 1967, o regime de bens supletivo é o da comunhão de adquiridos, artigo 1717º; consideram-se sempre contraídos no regime da separação, os casamentos referidos no artigo 1720º: 1 – celebrados sem precedência do processo de publicações; 2 – por quem tenha completado 60 anos de idade);

---

para pagar as dívidas da mesma, se quiser eximir-se a uma execução sobre o seu património pessoal.

[14] De ter em conta eventuais atribuições preferenciais do cônjuge (direito de habitação da casa de morada de família, direito de uso do respetivo recheio – artigos 2103º-A e ss), tornas, adjudicações, integração de certos bens, sorteios, etc..

HERANÇAS & PARTILHAS

– se há ou não herdeiros legitimários;
– se a partilha é feita ou não por inventário.

Se o falecido era solteiro ou estava casado no regime da separação de bens, não se põe o problema da separação de meações.

Exemplo:

Casamento no Regime de Comunhão de Adquiridos

António casou com Berta, em 1990, no regime de comunhão de adquiridos.

António faleceu em 1 de Novembro de 1996.

Há os seguintes bens:

Bens próprios do António	VALOR (euros)
• Automóvel, que comprara em 1989 (Artigo 1722º-1, alínea a), do Código Civil)	2.000,00
• Andar, que o pai lhe doara em 1987 (Artigo 1722º-1, alínea b), do Código Civil)	65.000,00
Bens próprios da Berta	
• Quinta, que herdou por morte da mãe, em 1992 (Artigo 1722º-1, alínea b), do Código Civil)	12.000,00
Bens comuns	
• Saldo da Conta Bancária (Onde só António depositava vencimentos) (Artigo 1724º, alínea a), do Código Civil)	10.000,00
• Mobília de casa (Toda comprada por Berta com o produto do seu trabalho de enfermeira, que passou a exercer após o casamento, artigo 1724º, do Código Civil)	4.000,00

Há os seguintes encargos de António e Berta:	
A cargo dos herdeiros de António • Funeral e sufrágios	2.400,00
Dívida da exclusiva responsabilidade de António • Reparação do Automóvel de António	700,00
Dívida da exclusiva responsabilidade de Berta • Dívida a caseiro da quinta de Berta (por benfeitorias)	2.000,00
Dívida da responsabilidade de ambos[15] • Dívida ao Banco (de empréstimo para consertar a mobília)	500,00
Valor Ativo[16] da Herança de António = Valor dos bens próprios (67.000,00 euros) +Valor da sua meação nos bens comuns (10.000,00 euros de saldo da conta bancária + 4.000,00 euros da mobília − 500,00 euros da dívida para restaurar a mobília = 13.500,00: 2) = 6.750,00 euros.	73.750,00

[15] Havendo passivo a liquidar na partilha do casal, são pagas em primeiro lugar as dívidas comunicáveis até ao valor do património comum e só depois as restantes – artigo 1689º-2; pelas dívidas da responsabilidade de ambos os cônjuges respondem não só os bens comuns do casal mas também, e solidariamente (exceto no regime da separação de bens), os bens próprios de qualquer dos cônjuges – artigo 1695º-1 e 2; pelas dívidas da exclusiva responsabilidade de um dos cônjuges, respondem os bens próprios do cônjuge devedor e, subsidiariamente, a sua meação nos bens comuns, artigo 1696º.

[16] O ATIVO DA HERANÇA é constituído pelo valor dos bens próprios do autor da sucessão (haverá que qualificar cada um dos bens como próprio ou comum; artigos 1722º a 1730º, para a comunhão de adquiridos e 1732º a 1734º, para a comunhão geral de bens) e pelo valor da sua meação nos bens comuns do casal (estamos a considerar a hipótese de o *de cuius*, no

Valor Passivo[17] da Herança de António	3.100,00
= Funeral e sufrágios (2.400,00 euros) + Dívida da exclusiva responsabilidade de António (700,00 euros).	
Valor Líquido da Herança de António – = Ativo (73.750,00 euros) – Passivo (3.100,00 euros).	70.650,00

Suponhamos que:
– António faleceu sem descendentes, nem ascendentes, tendo-lhe sobrevivido o cônjuge[18], Berta;
– Em 1992, por convenção antenupcial, António fez uma doação *mortis causa* ao seu irmão José e respetiva consorte Ana, de 1/2 da quota disponível[19];
– Em Março de 1993, doara, entre vivos, um prédio rústico, que já era dele quando casou, à sua sobrinha Deolinda, que valia, na data da abertura da sucessão, 80.000,00 euros;
– Por testamento de Abril de 1994, deixara ao seu amigo Manuel 1/3 da quota disponível.

momento da abertura da sucessão, estar casado no regime da comunhão geral de bens, ou de de comunhão de adquiridos. Sendo solteiro ou casado no regime da separação de bens, não se põe o problema da separação de meações.
De referir, também, que há casos em que os esposados convencionaram, em convenção antenupcial, que, por morte de um deles, havendo descendentes comuns, a partilha se faça de acordo com o regime da comunhão geral, embora não seja esse o regime de bens adotado em vida).
O ativo da herança engloba, além do valor dos bens próprios e da meação nos bens comuns, os bens sub-rogados no lugar de bens da herança por meio de troca direta, o preço dos bens da herança alienados, os bens adquiridos com dinheiro ou valor da herança (se a proveniência do dinheiro ou valor for mencionada no documento de aquisição) e os frutos dos bens da herança.

[17] O PASSIVO levará em conta os encargos próprios do *de cuius* e a sua metade proporcional no valor dos encargos comuns. Haverá que verificar as dívidas da responsabilidade de cada um dos cônjuges – (dívidas da responsabilidade exclusiva de um dos cônjuges, artigos 1692º, 1693º-1, 1694º-2; dívidas da responsabilidade de ambos os cônjuges, artigos 1691º, 1693º-2 e 1694º-1 e 2) – e apurar eventuais créditos entre os cônjuges, ou fazer eventuais compensações entre eles.
[18] Berta é o único herdeiro legitimário, sendo a sua legítima de ½ da herança.
[19] Neste caso há uma instituição de herdeiro contratual, artigo 1701º-1, a).

PARTE I. A PARTILHA DA HERANÇA

Lembramos que, como estatui o artigo 2162º, do Código Civil:

VALOR GLOBAL DA HERANÇA = valor dos bens existentes – dívidas da herança + valor dos bens doados + valor das despesas sujeitas a colação.

No nosso exemplo:

o valor dos bens existentes (73.750,00 euros) – dívidas da herança (3.100,00 euros) + valor dos bens doados (80.000,00 euros, doação a Deolinda) = 150.650,00 euros.

A **legítima** de Berta é de (½ x 150.650,00) = 75.325,00 euros.

Por sua vez, a **quota disponível** também é de 75.325,00 euros.

Com este exemplo, pretende-se mostrar que:
1 – Embora o valor líquido da herança de António seja de 70.650,00 euros, a legítima de Berta é de 75.325,00 euros; e não de (½ x 70.650,00 euros), como poderia parecer;
2 – No valor da herança só se levam em conta as doações feitas em vida, como vimos supra, na pág.13, nota 16.

Assim sendo, as liberalidades do António, 37.662,50 (½ x 75.325,00, doação *mortis causa*) + 80.000,00 (doação em vida a Deolinda) + 25.108,30 (1/3 x 75.325,00, deixa testamentária), excederam a quota disponível em 67.445,80 (= 142.770,80 – 75.325,00).

Há, assim, lugar a REDUÇÃO DE LIBERALIDADES[20] para defesa da legítima de Berta.

Em primeiro lugar, elimina-se integralmente a deixa testamentária de 25.108,30 €.

---

[20] São inoficiosas as liberalidades entre vivos ou por morte que ofendam a legítima dos herdeiros legitimários – artº 2168º, quer elas tenham sido feitas a terceiros, quer mesmo a algum dos herdeiros legitimários e, como tais, redutíveis.
A redução de liberalidades por inoficiosidade opera a requerimento dos herdeiros legitimários ou dos seus sucessores, em tanto quanto for necessário para que a legítima seja preenchida – artº 2169º, sendo de 2 anos o prazo para a respetiva ação (artigo 2178º, do Código Civil).
Sendo o donatário herdeiro do doador, a todo o tempo se pode pedir, no respetivo inventário, a redução da doação por inoficiosidade. O processo de inventário é meio idóneo para o efeito.

Como isto é insuficiente, reduzem-se as liberalidades feitas em vida, de acordo com a antiguidade, começando-se pela última e passando-se à seguinte, se aquela for insuficiente.

Assim, há que reduzir a doação entre vivos, em 42.337,50 € = (67.445,80 € – 25.108,30 €).

Em conclusão:

À Berta caberá o valor de € 75.325,00, a título de herdeira legitimária;

A José e Ana caberá o valor de € 37.662,50, a título de herdeiros contratuais;

Deolinda vê a sua doação, no valor de € 80.000,00, reduzida em € 42.337,50.

Partindo do princípio de que o referido prédio rústico, doado a Deolinda, é indivisível, uma vez que a importância da redução excede metade do valor respetivo, nos termos do artigo 2174º-1 e 2, como vimos em nota, Berta, como herdeira legitimária, havê-lo-á para si, pagando a Deolinda a diferença em dinheiro, ou seja, € 80.000,00 – € 42.337,50 = € 37.662,50.

Segundo exemplo:

Casamento no Regime de Comunhão Geral de Bens

Consideremos novamente os dados do exemplo anterior, mas agora, supondo que o regime matrimonial de bens é o de comunhão geral[21].

António faleceu em 1 de Novembro de 1996.

Há os seguintes bens:	VALOR (euros)
Bens Comuns	
• Automóvel, que comprara em 1989	2.000,00
• Andar, que o pai lhe doara em 1987	65.000,00

---

[21] Neste exemplo, deve ter-se em conta que as regras de qualificação dos bens comuns e próprios são as dos artigos 1732º e 1733º do Código Civil; quanto à responsabilidade comum por dívidas, regem os artigos 1691º e seguintes, do Código Civil.

PARTE I. A PARTILHA DA HERANÇA

• Saldo da conta bancária (onde só António depositava vencimentos)	10.000,00
• Mobília de casa (toda comprada por Berta com o produto do seu trabalho de enfermeira, que passou a exercer após o casamento	4.000,00
Bens próprios da Berta	
• Quinta (que herdou por morte da mãe, em 1992, com cláusula de incomunicabilidade) – Artigos 1732º e 1733º a), do Código Civil	120.000,00
Há os seguintes encargos:	
A cargo dos herdeiros de António: • Funeral e sufrágios	2.400,00
Dívida da responsabilidade de ambos • Dívida ao banco (de empréstimo para consertar a mobília) • Reparação do automóvel de António	500,00 700,00
Dívida da exclusiva responsabilidade de Berta • Dívida a caseiro da quinta de Berta (por benfeitorias)	2.000,00
Valor Ativo[22] da Herança de António	**39.900,00**
= Valor dos bens próprios (0 euros) + Valor da sua meação nos bens comuns (65.000,00 euros do andar + 10.000,00 euros de saldo da conta bancária + 4.000,00 euros da mobília + 2.000,00 euros do automóvel – 700,00 euros da reparação do automóvel – 500,00 euros da dívida para restaurar a mobília = € 79.800,00:2) = € 39.900,00.	
Valor Passivo[23] da Herança de António = Funeral e sufrágios (2.400,00 euros)	**2.400,00**
Valor Líquido da Herança de António = Ativo (39.900,00 euros) – Passivo (2.400,00 euros).	**37.500,00**

[22] Ver, supra, nota 17, sobre O ATIVO DA HERANÇA.
[23] Ver, supra, notas 15 e 16, sobre O PASSIVO DA HERANÇA.

HERANÇAS & PARTILHAS

Suponhamos, como no exemplo anterior,

– que António faleceu sem descendentes, nem ascendentes, tendo-
-lhe sobrevivido o cônjuge, Berta;

– que, em 1992, por convenção antenupcial, António fez uma doação *mortis causa* ao seu irmão José e respetiva consorte Ana, de ½
da quota disponível;

– que, em Março de 1993, doara, entre vivos, um prédio rústico, que
lhe adviera por sucessão, em Abril de 1990, com cláusula de incomunicabilidade, à sua sobrinha Deolinda, que valia, na data da abertura da sucessão, 80.000,00 euros;

– e por testamento de Abril de 1994, deixara ao seu amigo Manuel
1/3 da quota disponível.

Lembramos o que estatui o artigo 2162º sobre o VALOR GLOBAL
DA HERANÇA (nomeadamente para efeitos de cálculo da legítima).

No nosso exemplo,

o valor dos bens existentes (39.900,00 euros) – dívidas da herança
(2.400,00 euros) + valor dos bens doados (80.000,00 euros, doação a
Deolinda) = 117.500,00 euros.

A **legítima** de Berta é de (½ x 117.500,00 euros) = 58.750,00 euros.

Por sua vez, a **quota disponível** também é de 58.750,00 euros.

Assim sendo, **as liberalidades** do António, 29.375,00 (½ x 58.750,00
euros, doação *mortis causa*) + 80.000,00 euros (doação em vida a Deolinda) + 19.583,33 (1/3 x 58.750,00 euros, deixa testamentária) **excederam** a quota disponível em € 70.208,33 (= 128.958,33- 58.750,00
euros).

Há, pois, lugar a REDUÇÃO DE LIBERALIDADES para defesa da
legítima de Berta.

Em primeiro lugar, elimina-se integralmente a deixa testamentária
de 19.583,33 euros;

Como isto é insuficiente, reduzem-se as liberalidades feitas em vida,
de acordo com a antiguidade, começando-se pela última e passando-se à
seguinte, se aquela for insuficiente.

Assim, há que reduzir a doação entre vivos, em € 50.625,00 =
(€ 70.208,33 – € 19.583,33);

PARTE I. A PARTILHA DA HERANÇA

Em conclusão:

À Berta caberá o valor de € 58.750,00, a título de herdeira legitimária;

Ao José e Ana caberá o valor de € 29.375,00, a título de herdeiros contratuais;

Deolinda vê a sua doação, no valor de € 80.000,00, reduzida em € 50.625,00, ficando apenas com € 29.375,00.

Terceiro exemplo:

Casamento no Regime de Separação de Bens

Consideremos agora um exemplo em que o regime matrimonial de bens é o de separação[24] e, por razões de simplificação, que são diferentes também os dados do problema.

Abílio faleceu em 1 de Novembro de 1996.

Há os seguintes bens:	VALOR (euros)
Bens de Abílio	
• Automóvel, que comprara em 1989	8.000,00
• Mobília de casa	2.000,00
Bens que Abílio deixou em compropriedade com Benilde	
• Andar, em que viviam	120.000,00
Bens de Benilde	
• Móveis	1.000,00
• Prédio rústico	20.000,00
Há os seguintes encargos:	
De Abílio • Reparação do automóvel	1.000,00
De Abílio e de Benilde • Amortização e juros (do andar em compropriedade)	10.000,00

---

[24] Este exemplo é válido, com simples adaptações, para os casos em que o falecido era solteiro ou teve o seu casamento extinto ou invalidado, com partilha das meações antes da abertura da sucessão que lhe respeita.

Valor Ativo[25] da Herança de Abílio	70.000,00
= Valor dos bens próprios €10.000,00 = (€ 8.000,00 +€ 2.000,00) + Valor dos bens em compropriedade (€ 60.000,00 do andar que é suscetível de processo de divisão de coisa comum) = € 70.000,00.	
Valor Passivo da Herança de Abílio = € 1.000,00 (da reparação do automóvel) + € 5.000,00 (da amortização e juros do andar)	6.000,00
Valor Líquido da Herança de Abílio = Ativo (€ 70.000,00) – Passivo (€ 6.000,00).	64.000,00

Suponhamos, como no exemplo anterior,
– que Abílio faleceu sem descendentes, nem ascendentes, tendo--lhe sobrevivido o cônjuge, Benilde;
– que, em 1992, por convenção antenupcial, Abílio fez uma doação *mortis causa* ao seu irmão José e respetiva consorte Ana, de ½ da quota disponível;
– que em Março de 1993, doara, entre vivos, um prédio rústico seu, à sua sobrinha Deolinda, que valia, na data da abertura da sucessão, 80.000,00 euros;
– e por testamento de Abril de 1994, deixara ao seu amigo Manuel 1/3 da quota disponível.

Lembramos o que estatui o artigo 2162º sobre o VALOR GLOBAL DA HERANÇA (nomeadamente para efeitos de cálculo da legítima).

No nosso exemplo,

o valor dos bens existentes (70.000,00 euros) – dívidas da herança (6.000,00 euros) + valor dos bens doados (80.000,00 euros, doação a Deolinda) = 144.000,00 euros.

A **legítima** de Benilde é de (½ x 144.000,00 euros) = 72.000,00 euros.

Por sua vez, a **quota disponível** também é de 72.000,00 euros.

---

[25] Ver, supra, nota 17, sobre O ATIVO DA HERANÇA e notas 15 e 16, sobre O PASSIVO DA HERANÇA

Assim sendo,

as liberalidades do Abílio, 36.000,00 euros (½ x 72.000,00 euros, doação *mortis causa*) + 80.000,00 euros (doação em vida a Deolinda) + 24.000,00 euros (1/3 x 72.000,00 euros, deixa testamentária), **excederam** a quota disponível em 68.000,00 euros (= 140.000,00 euros – 72.000,00 euros).

Há, pois, lugar a REDUÇÃO DE LIBERALIDADES para defesa da legítima de Benilde.

Em primeiro lugar, elimina-se integralmente a deixa testamentária de 24.000,00 euros.

Como isto é insuficiente, reduzem-se as liberalidades feitas em vida, de acordo com a antiguidade, começando-se pela última e passando-se à seguinte, se aquela for insuficiente.

Assim, há que reduzir a doação entre vivos, em **44.000,00 euros** = (68.000,00 – 24.000,00).

Em conclusão:

A Benilde caberá o valor de 72.000,00 euros, a título de herdeira legitimária;

Ao José e Ana caberá o valor de 36.000,00 euros, a título de herdeiros contratuais;

Deolinda vê a sua doação, no valor de 80.000,00 euros, reduzida em 44.000,00 euros, ficando apenas com 36.000,00 euros.

2. Sendo herdeiros o cônjuge e descendentes

2.1. Com doações a descendentes, sujeitas às regras gerais da colação[26]

Só as doações entre vivos e as despesas gratuitas estão sujeitas a colação.

As regras da colação, previstas nos artigos 2104º a 2118º, determinam que, para haver colação, necessário se torna:

- Que o autor da sucessão tenha doado em vida ou efetuado despesas gratuitas, a favor de descendente(s) que, à data da liberalidade fosse(m) presuntivo(s) herdeiro(s) legitimário(s) do doador,
- Que este não tenha dispensado da colação,
- Que concorram à herança e a aceitem, um ou vários descendentes beneficiados em vida.

A declaração de dispensa de colação pode ser expressa ou tácita e pode ser feita no próprio ato da liberalidade ou posteriormente.

Nas doações verbais de coisas móveis acompanhadas de tradição manual e nas doações remuneratórias a lei presume que houve dispensa de colação, artigo 2113º, embora possam ser reduzidas por inoficiosidade.

Com efeito, as liberalidades não sujeitas à colação integram a quota disponível do autor da sucessão e estão sujeitas às regras da redução por inoficiosidade.

A dispensa de colação deve ser feita segundo o formalismo prescrito para a doação. Se não puderem ou não quiserem aceitar a herança, conservarão as liberalidades, sem prejuízo das regras da inoficiosidade, deserdação e ingratidão.

Nos termos do artigo 2118º-1, os bens doados, móveis ou imóveis sujeitos a colação respondem por eventual redução, mesmo que venham a

---

[26] Doações com ou sem dispensa de colação: para mais desenvolvimentos ver CAPELO DE SOUSA, Lições de Direito das Sucessões, II, 1986, págs 306 e ss. O autor coloca a questão da colação em caso de concurso hereditário de cônjuge e de descendentes, considerando que o nosso sistema jurídico atual não resolve expressamente a questão mas defendendo, com agudíssima argumentação, a sujeição à colação do cônjuge.

Na pág. 34, nota 1733, Partilhas Judiciais, II, Lopes Cardoso, apreciando a forma como aquele autor coloca o problema e preconizando também aquela solução que, em seu entender, está no espírito do legislador, vê, porém, na letra da lei um obstáculo decisivo.

Sobre esta questão da relação entre a posição sucessória do cônjuge sobrevivo e o instituto da colação, cfr. o estudo de Paulo Nuno Horta Correia Ramirez, O Cônjuge Sobrevivo e o Instituto da Colação, Livraria Almedina, Coimbra, 1997, aderindo à solução que defende que o cônjuge não se encontra sujeito à colação.

ser transmitidos a outrem, tratando-se, pois, aqui, da existência de um ónus real de garantia.

Doações por conta da legítima – **colação absoluta** – O doador manifesta a vontade, e o donatário aceita, de não querer avantajar o descendente. Sucede, assim, normalmente, quando se declara que a doação é feita por conta da legítima, ou por conta da quota indisponível ou por conta do quinhão hereditário ou com colação ou igualação total, completa ou absoluta ou que não se quer em nada avantajar o descendente donatário na partilha.

Doações por conta da quota disponível – **dispensa de colação** – O doador manifesta a vontade de que a liberalidade é por conta da quota disponível, assim avantajando o donatário relativamente a demais descendentes. É o que sucede quando o doador declara que a doação é feita com dispensa de colação ou por conta da sua quota disponível ou que com ela se quer avantajar o descendente donatário, na medida do montante doado. Neste caso, a doação não tem de ser conferida para efeitos de qualquer igualação, artigos 2113º-1 e ss. Se, porém, a doação exceder, por si só ou com outras liberalidades, a quota disponível, haverá lugar a redução por inoficiosidade, nos termos gerais, artigos 2168º e ss.

Doações omissas quanto à imputação – **sujeitas às regras gerais da colação** – O doador nada declara ou declara que sujeita a liberalidade às regras gerais da colação. O donatário deverá incorporar o valor da doação, não apenas na sua quota legitimária, mas também nas quotas hereditárias a que eventualmente seja chamado por força da sucessão legítima e até voluntária, artigo 2108º.

Há, porém, que distinguir:
1 – Se há remanescente da herança e se este contém bens suficientes para igualar todos os descendentes partilhantes (após a igualação, havendo remanescente, será dividido por todos).
2 – Se há remanescente da herança mas este não chega para igualar todos os descendentes (com os bens do remanescente prosseguir-se-á a menor desigualdade possível).

HERANÇAS & PARTILHAS

3 – Se não há remanescente da herança, mas os bens deixados (relicta) permitem preencher a legítima (os bens doados são imputados na quota indisponível do doador até ao montante da legítima subjetiva do donatário. Se excederem esta, são imputados na quota disponível. Os não beneficiados, ou menos, vêem apenas preenchidas as suas quotas legitimárias subjetivas).

4 – Não há remanescente da herança e os (relicta) não permitem sequer preencher a legítima dos herdeiros legitimários (as doações serão reduzidas em tanto quanto for necessário para preencher as legítimas, mas se não preencherem a legítima do respetivo donatário, tem este o direito de conservá-la e de ver composta a diferença).

2.1.1. *Os bens deixados chegam para igualar todos os descendentes*

Exemplo:

António falece em 1 de Outubro de 1986, no estado de casado no **regime da comunhão geral**, com Bernardina.

Sucedem-lhe Bernardina, os filhos Carlos e Diogo e dois netos, Francisco e Guilherme, filhos de Emerenciano, que faleceu em 1 de Junho de 1986, antes de António.

Só Bernardina **repudiou a herança** e todos os outros a aceitaram.

Bens deixados por António: um prédio, que lhe fora doado para o casamento, com cláusula de incomunicabilidade a B, no valor de 24.000,00 euros.

Doações: ambos os cônjuges, A e B, doaram:

• Em 1979, um automóvel a C, com o valor de 18.000,00 euros, no momento da abertura da sucessão e com a declaração aceite de que ficava sujeito às regras gerais da colação.

• Em 1980, um apartamento a D, no valor de 24.000,00 euros, no momento da abertura da sucessão, sendo a doação omissa quanto à colação.

Testamento: A fez testamento, em 1977, deixando a X, a quantia de 3.000,00 euros.

PARTE I. A PARTILHA DA HERANÇA

• O prédio é bem próprio de A (artigos 1732º a 1734º, do Código Civil), pelo que B não tem nele meação.

• O valor global da herança para efeitos de cálculo da legítima = valor dos bens existentes – dívidas da herança + valor dos bens doados + valor das despesas sujeitas a colação.

Ou seja, no nosso exemplo,

valor do prédio (€ 24.000,00) + valor dos bens doados (meia conferência[27] da doação a C, de € 18.000,00 + meia conferência da doação a D, de € 24.000,00 = € 9.000,00+€ 12.000,00 = € 21.000,00 = € 45.000,00.

• A parte que caberia a B, como herdeira legitimária (¼ x 2/3), porque **repudia**[28], **acresce**[29] aos descendentes C, D, F e G, estes dois últimos por **direito de representação**[30] de E, que faleceu antes de poder aceitar a herança.

• Assim, divide-se € 45.000,00 em 3 partes iguais, sendo uma delas o valor da quota disponível (€ 15.000,00) e as outras duas, o valor da quota indisponível (€ 30.000,00).

• A quota legitimária de cada descendente é de € 10.000,00 = (€ 30.000,00: 3).

---

[27] Doação de bens comuns feita por ambos os cônjuges – artigo 2117º – Neste caso, conferir-se-á metade por morte de cada um deles. É o que se designa de meia conferência. O valor de cada uma das metades é o que tiver, não ao tempo da doação, mas ao tempo da abertura da sucessão.

[28] O **repúdio** tem de ser sempre formulado expressamente – 2063º, do Código Civil. Deverá ser feito por escritura pública, se a alienação dos bens da herança dever obedecer àquela forma, ou por documento particular, nos restantes casos – 2126º, do Código Civil. Se não ocorrer uma substituição direta, por o *de cuius* não o ter estipulado – 2281º-1 – ou por ela não ser possível – 2027º para a sucessão legitimária – há lugar, hierarquicamente, ao direito de representação a favor dos descendentes do sucessível, ao direito de acrescer para os outros sucessíveis, ou ao chamamento dos sucessíveis legais com prioridade de designação.

[29] Neste caso, os descendentes adquirem a parte que o cônjuge não quis aceitar. O Direito de acrescer, em matéria sucessória está regulado nos artigos 2301º a 2307º, do Código Civil.

[30] Para que haja **direito de representação**, nos termos dos artigos 2039º a 2042º, do Código Civil, é preciso que (1) o herdeiro ou legatário não possa ou não queira aceitar a herança ou legado (por pré-morte, ausência, indignidade, deserdação ou repúdio, tratando-se de sucessão legal e apenas por pré-morte ou repúdio, tratando-se de sucessão testamentária) (2) que o herdeiro ou legatário tenha deixado descendentes, qualquer que seja o grau de parentesco (preferindo os de grau mais próximo) (3) que os descendentes ocupem a posição daquele que não pôde ou não quis aceitar.

HERANÇAS & PARTILHAS

• Ambas as doações a C e a D estão sujeitas à colação, conforme o regime supletivo do artigo 2108º, do Código Civil.

• O bem deixado (*relicta*), no valor de € 24.000,00 chega e sobra para compor as quotas legitimárias dos descendentes que ainda as não têm preenchidas e para cumprir o legado a X, de € 3.000,00.

• Com efeito, D tem a sua quota legitimária de € 10.000,00 preenchida por valor correspondente na doação.

• A C, com a doação de € 9.000,00, faltam ainda € 1.000,00, para preencher a sua quota legitimária.

• F e G têm direito, cada um, a € 5.000,00 (a saírem do bem deixado) para composição da quota legitimária de E, predefunto, a que têm direito por representação.

• O legado a X, de € 3.000,00, não é inoficioso, devendo ser integralmente cumprido.

• Feitas as contas, do bem deixado sobram ainda € 10.000,00 (€ 24.000,00 – € 1.000,00 – € 10.000,00 – € 3.000,00).

• Este remanescente vai servir para a plena igualação dos descendentes não beneficiados ou menos beneficiados, que são C e E, aqui representado por F e G, como vimos.

• Assim, C receberá ainda € 2.000,00; igual montante será dividido por F e G em partes iguais; todos estão, pois, igualados. Mas ainda restam € 6.000,00 (€ 10.000,00 – € 2.000,00 – € 2.000,00).

• Estes € 6.000,00 repartir-se-ão em 3 partes iguais, uma para C, outra para D e outra a dividir igualmente por F e G.

Em conclusão:

Feita a *meia conferência* dos bens doados em vida aos descendentes partilhantes e cumprido o legado testamentário a X, de € 3.000,00:

C conserva a doação (no valor de € 9.000,00) e recebe, na partilha, € 5.000,00 (€ 1.000,00, para preenchimento da sua quota legitimária + € 2.000,00, de remanescente para igualação + € 2.000,00, de remanescente disponível após igualação), num total de € 14.000,00;

D conserva a doação (no valor de € 12.000,00, de que imputa € 10.000,00 na sua quota legitimária e € 2.000,00, na quota disponível de A) e recebe, na partilha, € 2.000,00, do remanescente disponível após igualação, num total de € 14.000,00;

F e **G**, por direito de representação de **E**, recebem cada um € 7.000,00, valor correspondente a ½ de € 14.000,00, que **E** poderia herdar se fosse vivo (sendo € 10.000,00 para preenchimento da quota legitimária + € 2.000,00, de remanescente para igualação + e 2.000,00, do remanescente disponível), num total de € 14.000,00;

2.1.2. Os bens deixados não chegam para igualar todos os descendentes

Exemplo:

(só difere do exemplo anterior quanto ao valor do bem deixado por A, que é agora de € 15.000,00):

António falece em 1 de Outubro de 1986, no estado de casado no regime da comunhão geral, com Bernardina.

Sucedem-lhe Bernardina, os filhos Carlos e Diogo, e dois netos, Francisco e Guilherme, filhos de Emerenciano, que faleceu em 1 de Junho de 1986, antes de António.

Só Bernardina repudiou a herança e todos os outros a aceitaram.

Bens deixados por António: um prédio, que lhe fora doado para o casamento, com cláusula de incomunicabilidade a B, no valor de € 15.000,00.

Doações: ambos os cônjuges, A e B, doaram:
• Em 1979, um automóvel a C, com o valor de € 18.000,00, no momento da abertura da sucessão e com a declaração aceite de que ficava sujeito às regras gerais da colação.
• Em 1980, um apartamento a D, no valor de € 24.000,00, no momento da abertura da sucessão, sendo a doação omissa quanto à colação.

Testamento: A fez testamento, em 1977, deixando a X, a quantia de € 3.000,00.

• O valor global da herança para efeitos de cálculo da legítima = € 15.000,00 + € 9.000,00 + € 12.000,00 = € 36.000,00.
• A parte que caberia a B, como herdeira legitimária (¼ x 2/3), porque **repudia, acresce** aos descendentes C, D, F e G, estes dois últimos por **direito de representação** de E, que faleceu antes de poder aceitar a herança.

HERANÇAS & PARTILHAS

• Assim, divide-se € 36.000,00 em 3 partes iguais, sendo uma delas o valor da quota disponível (€ 12.000,00) e as outras duas o valor da quota indisponível (€ 24.000,00).

• A quota legitimária de cada descendente é de € 8.000,00 = (€ 24.000,00: 3).

• Ambas as doações a C e a D estão sujeitas à colação, conforme o regime supletivo do artigo 2108º, do Código Civil[31].

• O bem deixado (*relicta*), no valor de € 15.000,00 chega para compor a quota legitimária de E (ou seja, F e G) e para cumprir o legado testamentário a X, de € 3.000,00 e ainda fica um remanescente de € 4.000,00 (€ 15.000,00 – € 8.000,00 – € 3.000,00).

• Este remanescente de € 4.000,00 vai servir para uma igualação das quotas de C e de E (aqui representado por F e G como vimos) e para uma aproximação destas ao valor da doação de D[32].

• Assim, do remanescente de € 4.000,00, € 1.000,00 irão para E (F e G), que ficará com € 9.000,00 (€ 8.000,00 + € 1.000,00), tal como C.

• Os restantes € 3.000,00 serão divididos em 2 partes iguais, cabendo € 1.500,00 a C e outro tanto a E (F e G), ou seja, a parte que caberia a E será dividida em duas partes iguais por F e G.

Em conclusão:

Feita a *meia conferência* dos bens doados em vida aos descendentes partilhantes e cumprido o legado testamentário a X, de € 3.000,00:

C conserva a doação (no valor de € 9.000,00) e recebe, na partilha, € 1.500,00 (€ 8.000,00 que imputa na sua quota legitimária + € 2.500,00 que imputa na quota disponível de A, para igualação), num total de € 10.500,00;

---

[31] O nº 1 do artigo 2108º do Código Civil diz que a doação é imputada na *quota hereditária* e não apenas na *quota legitimária*. O nº 2, no entanto, dispõe que se não houver na herança bens suficientes para igualar todos os herdeiros, nem por isso são reduzidas as doações, salvo se houver inoficiosidade.

[32] De acordo com o regime supletivo da colação, os excessos sobre as respetivas quotas legitimárias das doações a C (€ 1.000,00) e a D (€ 4.000,00) são também imputadas nas quotas hereditárias destes, por conta da quota disponível de A. Por outro lado, nos termos dos artigos 2104º e 2108º, dever-se-á prosseguir a menor desigualdade possível sempre que, como neste caso, não for possível a igualação total.

D conserva a doação (no valor de € 12.000,00, de que imputa € 8.000,00 na sua quota legitimária e € 4.000,00, na quota disponível de A) num total de € 12.000,00;

F e **G**, por direito de representação de **E**, recebem cada um € 5,250,00, valor correspondente a ½ de € 10.500,00, que **E** poderia herdar se fosse vivo (sendo € 8.000,00 para preenchimento da quota legitimária + € 2.500,00 da quota disponível de A), num total de € 10.500,00;

Neste caso, o remanescente da herança não chega para igualar C e E (F e G) a D. Como não há qualquer inoficiosidade na doação a D, esta não tem de ser reduzida.

Assim, preenchidas que sejam as quotas legitimárias subjetivas de C e de E (F e G), o remanescente servirá para prosseguir a menor desigualdade possível.

2.1.3. *Os bens deixados chegam para compor as legítimas, mas não para igualar ou aproximar as quotas dos partilhantes*

Exemplo:
(só difere do exemplo anterior quanto ao valor do bem deixado por A, que é agora de € 8.250,00):

António falece em 1 de Outubro de 1986, no estado de casado no regime da comunhão geral, com Bernardina.

Sucedem-lhe Bernardina, os filhos Carlos e Diogo e dois netos, Francisco e Guilherme, filhos de Emerenciano, que faleceu em 1 de Junho de 1986, antes de António.

Só Bernardina repudiou a herança e todos os outros a aceitaram.

Bens deixados por António: um prédio, que lhe fora doado para o casamento, com cláusula de incomunicabilidade a B, no valor de € 8.250,00.

Doações: ambos os cônjuges, A e B, doaram:
• Em 1979, um automóvel a C, com o valor de € 18.000,00, no momento da abertura da sucessão e com a declaração aceite de que ficava sujeito às regras gerais da colação.

HERANÇAS & PARTILHAS

• Em 1980, um apartamento a D, no valor de € 24.000,00, no momento da abertura da sucessão, sendo a doação omissa quanto à colação.

Testamento: A fez testamento, em 1977, deixando a X, a quantia de € 3.000,00.

• O valor global da herança para efeitos de cálculo da legítima = € 8.250,00 + € 9.000,00 + € 12.000,00 = € 29.250,00.
• A parte que caberia a B, como herdeira legitimária (¼ x 2/3), porque **repudia**, **acresce** aos descendentes C, D, F e G, estes dois últimos por **direito de representação** de E, que faleceu antes de poder aceitar a herança.
• Assim, divide-se € 29.250,00 em 3 partes iguais, sendo uma delas o valor da quota disponível (€ 9.750,00) e as outras duas, o valor da quota indisponível (€ 19.500,00).
• A quota legitimária de cada descendente é de € 6.500,00 = (€ 19.500,00:3).
• Ambas as doações a C e a D estão sujeitas à colação, conforme o regime supletivo do artigo 2108º, do Código Civil.
• O bem deixado (*relicta*), no valor de € 8.250,00 chega para compor a quota legitimária de E (ou seja, F e G) e restam ainda € 1.750,00, insuficientes para cumprir o legado testamentário a X, de € 3.000,00.
• Com efeito, da doação de € 9.000,00, C imputa € 6.500,00 na sua quota legitimária e € 2.500,00 na quota disponível de A.
• Por sua vez, D, da doação de € 12.000,00, imputa € 6.500,00 na sua quota legitimária e € 5.500,00 na quota disponível de A.
• Sendo a quota disponível de A de € 9.750,00, há inoficiosidade nas liberalidades, as quais atingem € 11.000,00 (€ 2.500,00 + € 5.500,00 + € 3.000,00).
• Haverá, pois, que reduzi-las em € 1.250,00 (€ 11.000,00 – € 9.750,00).
• Ora, de acordo com a ordem de redução dos artigos 2171º a 2173º, do Código Civil, o legado a X será cumprido em apenas € 1.750,00 (€ 3.000,00 – € 1.250,00).

Em conclusão:

Feita a *meia conferência* dos bens doados em vida aos descendentes partilhantes e cumprido o legado testamentário a X, de € 1.750,00:

C conserva a doação (no valor de € 9.000,00, € 6.500,00 que imputa na sua quota legitimária + € 2.500,00, que imputa na quota disponível de A).

D conserva a doação (no valor de € 12.000,00, de que imputa € 6.500,00 na sua quota legitimária e € 5.500,00, na quota disponível de A).

F e **G**, por direito de representação de **E**, recebem cada um ½ x € 6.500,00 (€ 3.250,00), correspondente à quota legitimária que **E** poderia herdar se fosse vivo.

Neste caso, não há remanescente para igualar C, D e E (F e G).

Assim, preenchida que seja a quota legitimária subjetiva de E (F e G), as doações não serão reduzidas. Sê-lo-iam apenas se fossem inoficiosas e na medida em que o fossem.

2.1.4. *Os bens deixados não chegam sequer para compor as legítimas*

Exemplo:

(Só difere do exemplo anterior quanto ao valor do bem deixado por A, que é agora de € 1.500,00):

António falece em 1 de Outubro de 1986, no estado de casado no regime da comunhão geral, com Bernardina.

Sucedem-lhe Bernardina, os filhos Carlos e Diogo e dois netos, Francisco e Guilherme, filhos de Emerenciano, que faleceu em 1 de Junho de 1986, antes de António.

Só Bernardina repudiou a herança e todos os outros a aceitaram.

Bens deixados por António: um prédio, que lhe fora doado para o casamento, com cláusula de incomunicabilidade a B, no valor de € 1.500,00.

Doações: ambos os cônjuges, A e B, doaram:

• Em 1979, um automóvel a C, com o valor de € 18.000,00, no momento da abertura da sucessão e com a declaração aceite de que ficava sujeito às regras gerais da colação.

HERANÇAS & PARTILHAS

• Em 1980, um apartamento a D, no valor de € 24.000,00, no momento da abertura da sucessão, sendo a doação omissa quanto à colação.

Testamento: A fez testamento, em 1977, deixando a X, a quantia de € 3.000,00.

• O valor global da herança para efeitos de cálculo da legítima = € 1.500,00 + € 9.000,00 + € 12.000,00 = € 22.500,00.
• A parte que caberia a B, como herdeira legitimária (¼ x 2/3), porque **repudia**, **acresce** aos descendentes C, D, F e G, estes dois últimos por **direito de representação** de E, que faleceu antes de poder aceitar a herança.
• Assim, divide-se € 22.500,00 em 3 partes iguais, sendo uma delas o valor da quota disponível (€ 7.500,00) e as outras duas, o valor da quota indisponível (€ 15.000,00).
• A quota legitimária de cada descendente é de € 5.000,00 = (€ 15.000,00: 3).
• Ambas as doações a C e a D estão sujeitas à colação, conforme o regime supletivo do artigo 2108º, do Código Civil[33].
• O bem deixado (*relicta*), no valor de € 1.500,00 não chega para compor a quota legitimária de E (ou seja, F e G), faltando € 3.500,00.
Assim, o legado testamentário a X, é totalmente inoficioso e não será cumprido.
Por sua vez, da doação de € 9.000,00, C imputa € 5.000,00 na sua quota legitimária e € 4.000,00, na quota disponível de A).
Sendo a quota disponível de A), de € 7.500,00, o excesso da doação de D (€ 12.000,00 – € 8.500,00 = € 3.500,00) é inoficioso e, nessa medida, a doação a D será reduzida por ser a mais recente, de acordo com o artigo 2173º, do Código Civil.

Em conclusão:
Feita a *meia conferência* dos bens doados em vida aos descendentes partilhantes e eliminado o legado testamentário a X:

---

[33] O nº 1 do artigo 2108º, do Código Civil diz que a doação é imputada na *quota hereditária* e não apenas na *quota legitimária*. O nº 2, no entanto, dispõe que se não houver na herança bens suficientes para igualar todos os herdeiros, nem por isso são reduzidas as doações, salvo se houver inoficiosidade.

C conserva a doação no valor de € 9.000,00, € 5.000,00 que imputa na sua quota legitimária e € 2.500,00, que imputa na quota disponível de A).

D vê reduzida em € 3.500,00 a sua doação (no valor de € 12.000,00, ficando com € 8.500,00, de que imputa € 5.000,00 na sua quota legitimária e € 3.500,00, na quota disponível de A);

F e **G**, por direito de representação de **E**, recebem cada um € 2.500,00, valor correspondente a ½ de € 5.000,00, que **E** poderia herdar se fosse vivo.

Neste caso, não há remanescente para igualar C, D e E (F e G) e o bem deixado não chega para preencher a quota legitimária subjetiva de E (F e G), pelo que as doações a C e D são inoficiosas. Só a doação a D, porém, por ser a mais recente é reduzida.

Assim, preenchidas que sejam as quotas legitimárias subjetivas de C e de E (F e G), o remanescente servirá para prosseguir a menor desigualdade possível.

2.2. Com doações a descendentes, por conta da legítima (sujeitas à colação absoluta)

2.2.1. Os bens deixados chegam para igualar todos os descendentes

Sirvam os dados dos exemplos anteriores, mas agora vamos supor que as doações, a C (€ 9.000,00) e a D (€ 12.000,00), foram feitas por conta das respetivas legítimas, ficando, portanto, sujeitas à colação absoluta[34].

Se os bens deixados forem bastantes para preencher as legítimas dos herdeiros legitimários e o remanescente chegar para os igualar a todos,

---

[34] **Doações por conta da legítima** – Declarar que as doações são por conta da legítima é um modo tradicional de estabelecer que ficam sujeitas ao regime da colação absoluta.

Dizer que está sujeita à colação significa que a doação deve ser conferida, isto é, devidamente avaliada e tomada em conta para determinação do valor global da herança e para imputação na quota hereditária do donatário.

Nos termos do artigo 2104º-1, do Código Civil, os descendentes que pretendam entrar na sucessão do ascendente devem restituir à massa da herança, para igualação na partilha, os bens ou valores que lhes foram doados por este. Esta restituição ou conferência faz-se pela imputação do valor na quota hereditária, ou pela restituição dos bens doados, se houver acordo de todos os herdeiros – artigo 2108º-1, do Código Civil.

HERANÇAS & PARTILHAS

então, a distribuição hereditária seria a mesma que já exemplificamos acima, em 2.1.1. Os próprios donatários ainda receberiam mais bens para além das doações. A distribuição hereditária será, porém, diferente, nos restantes casos.

2.2.2. *Os bens deixados não chegam para igualar todos os descendentes*

Exemplo:

António falece em 1 de Outubro de 1986, no estado de casado no regime da comunhão geral, com Bernardina.

Sucedem-lhe Bernardina, os filhos Carlos e Diogo e dois netos, Francisco e Guilherme, filhos de Emerenciano, que faleceu em 1 de Junho de 1986, antes de António.

Só Bernardina repudiou a herança e todos os outros a aceitaram.

Bens deixados por António: um prédio, que lhe fora doado para o casamento, com cláusula de incomunicabilidade a B, no valor de € 15.000,00.

Doações: ambos os cônjuges, A e B, doaram:

• Em 1979, um automóvel a C, com o valor de € 18.000,00, no momento da abertura da sucessão e com a declaração aceite de que ficava sujeito às regras gerais da colação.
• Em 1980, um apartamento a D, no valor de € 24.000,00, no momento da abertura da sucessão, sendo a doação omissa quanto à colação.

Testamento: A fez testamento, em 1977, deixando a X, a quantia de € 3.000,00.

• O Valor Global da Herança para efeitos de cálculo da legítima = € 15.000,00 + € 9.000,00 + € 12.000,00 = € 36.000,00.
• A parte que caberia a B, como herdeira legitimária (¼ x 2/3), porque **repudia**, acresce aos descendentes C, D, F e G, estes dois últimos por **direito de representação** de E, que faleceu antes de poder aceitar a herança.

PARTE I. A PARTILHA DA HERANÇA

- Assim, divide-se € 36.000,00 em 3 partes iguais, sendo uma delas o valor da quota disponível (€ 12.000,00) e as outras duas, o valor da quota indisponível (€ 24.000,00).
- A quota legitimária de cada descendente é de € 8.000,00 = (€ 24.000,00: 3).
- Ambas as doações a C e a D foram feitas por conta das legítimas respetivas[35], como agora estamos a supor.
- Sendo as doações por conta das legítimas, os respetivos excessos, a C de € 1.000,00 (€ 9.000,00 – € 8.000,00) e a D de € 4.000,00 (€ 12.000,00 – € 8.000,00), juntamente com o valor do bem deixado (€ 15.000,00), são para compor a legítima de E (F e G) e, no remanescente da quota disponível, para igualação de todos.
- Assim, compostas as quotas legitimárias de C, D e E (F e G), no valor de € 24.000,00 (€ 8.000,00 x 3), cumprido o legado a X, de € 3.000,00, ainda há, para igualação entre os herdeiros, € 9.000,00 (€ 36.000,00 – € 27.000,00), que serão divididos em 3 partes iguais, cabendo € 3.000,00 a cada um (a parte de E divide-se igualmente por F e G).

Em conclusão:

Feita a *meia conferência* dos bens doados em vida aos descendentes partilhantes e cumprido o legado testamentário a X, de € 3.000,00:

C, D e **E** teriam direito, cada um, na partilha, a um quinhão hereditário de € 11.000,00. Nesta conformidade, **C** conserva a doação (no valor de € 9.000,00) e recebe, na partilha mais € 2.000,00 (€ 8.000,00 que imputa na sua quota legitimária + € 3.000,00 que imputa na quota disponível de A, para igualação), num total de € 11.000,00;

D vê a sua doação reduzida em € 1.000,00 (ficando com € 11.000,00, de que imputa € 8.000,00 na sua quota legitimária e € 3.000,00, na quota disponível de A) num total de € 11.000,00;

F e **G**, por direito de representação de **E**, recebem cada um € 5.500,00, valor correspondente a ½ de € 11.000,00, que E poderia

---

[35] O valor da liberalidade em vida, com colação absoluta, que exceda a legítima do respetivo beneficiário, é imputado na quota disponível do doador e aí igualmente sujeito a igualação entre todos os partilhantes, podendo ter de ser reduzidas mesmo não sendo inoficiosas.

HERANÇAS & PARTILHAS

herdar se fosse vivo (sendo € 8.000,00 para preenchimento da quota legitimária + € 3.000,00 da quota disponível de A), num total de € 11.000,00;

2.2.3. Os bens deixados chegam para compor as legítimas, mas não para igualar ou aproximar as quotas dos partilhantes

Exemplo:

Suponhamos que o bem deixado por A, em vez de € 15.000,00, é avaliado em € 8.250,00, mantendo-se os restantes dados do exemplo anterior.

• O valor global da herança para efeitos de cálculo da legítima = € 8.250,00 + € 9.000,00 + € 12.000,00 = € 29.250,00.

• A parte que caberia a B, como herdeira legitimária (¼ x 2/3), porque *repudia, acresce* aos descendentes C, D, F e G, estes dois últimos por *direito de representação* de E, que faleceu antes de poder aceitar a herança.

• Assim, divide-se € 29.250,00 em 3 partes iguais, sendo uma delas o valor da quota disponível (€ 9.750,00) e as outras duas, o valor da quota indisponível (€ 19.500,00).

• A quota legitimária de cada descendente é de € 6.500,00 = (€ 19.500,00 : 3).

• Ambas as doações a C e a D foram feitas por conta das legítimas respetivas, como agora estamos a supor.

• Sendo as doações por conta da legítima, os respetivos excessos, a C de € 2.500,00 (€ 9.000,00 – € 6.500,00) e a D de € 5.500,00 (€ 12.000,00 – € 6.500,00), juntamente com o valor dos bens deixados (€ 8.250,00), são para compor a legítima de E (F e G) e, no remanescente da quota disponível, para igualação de todos.

• Assim, composta a quota legitimária de C, D e E (ou seja, F e G) (€ 19.500,00 = 3 x € 6.500,00), cumprido o legado testamentário a X, de € 3.000,00, ainda há, para igualação entre os herdeiros, € 6.750,00 (€ 29.250,00 – € 22.500,00), que serão divididos em três partes iguais de € 2.250,00.

Em conclusão:

Feita a *meia conferência* dos bens doados em vida aos descendentes

PARTE I. A PARTILHA DA HERANÇA

partilhantes e cumprido o legado testamentário a X, de € 3.000,00:

C e **D** e **E** teriam direito, cada um, na partilha, a um quinhão hereditário de € 8.750,00.

Nesta conformidade, **C** vê a sua doação (no valor de € 9.000,00) reduzida em € 250,00 (€ 6.500,00 que imputa na sua quota legitimária + € 2.250,00 que imputa na quota disponível de A, para igualação), num total de € 8.750,00;

D vê a sua doação reduzida em € 3.250,00 (da qual imputa € 6.500,00 na sua quota legitimária e € 2.250,00, na quota disponível de A) num total de € 8.750,00;

F e **G**, por direito de representação de **E**, recebem cada um € 4.375,00, valor correspondente a ½ de € 8.750,00, que **E** poderia herdar se fosse vivo, (sendo € 6.500,00 para preenchimento da quota legitimária e € 2.250,00 da quota disponível de A), num total de € 8.750,00;

2.2.4. *Os bens deixados não chegam sequer para compor as legítimas*

Exemplo:

Suponhamos que o bem deixado por A, em vez de € 8.250,00, é avaliado em € 1.500,00, mantendo-se os restantes dados do exemplo anterior.

• O valor global da herança para efeitos de cálculo da legítima = € 1.500,00 + € 9.000,00 + € 12.000,00 = € 22.500,00.

• A parte que caberia a B, como herdeira legitimária (¼ x 2/3), porque *repudia*, *acresce* aos descendentes C, D, F e G, estes dois últimos por *direito de representação* de E, que faleceu antes de poder aceitar a herança.

• Assim, divide-se € 22.500,00 em 3 partes iguais, sendo uma delas o valor da quota disponível (€ 7.500,00) e as outras duas, o valor da quota indisponível (€ 15.000,00).

• A quota legitimária de cada descendente é de € 5.000,00 = (€ 15.000,00: 3).

• Ambas as doações a C e a D foram feitas por conta das legítimas respetivas, como agora estamos a supor.

HERANÇAS & PARTILHAS

• Sendo as doações por conta da legítima, os respetivos excessos, a C de € 4.000,00 (€ 9.000,00 – € 5.000,00) e a D de € 7.000,00 (€ 12.000,00 – € 5.000,00), juntamente com o valor dos bens deixados (€ 1.500,00), são para compor a legítima de E (F e G) e, no remanescente da quota disponível, para igualação de todos.

• Assim, composta a quota legitimária de C, D e E (ou seja, F e G) € 15.000,00 (= 3 x € 5.000,00), há que imputar o excesso de € 6.000,00 (= € 4.000,00 + € 7.000,00 – € 5.000,00) na quota disponível de A.

• Sucede que € 6.000,00 + € 3.000,00 do legado a X, no seu conjunto, são inoficiosos (artigo 2168º, do Código Civil) e, como tal, serão reduzidos.

De acordo com a lei, artigos 2171º e 2172º, do Código Civil, o legado a X será reduzido nessa medida, ou seja, em € 1.500,00 (= € 9.000,00 – € 7.500,00).

• Cumprido o legado testamentário a X, em apenas € 1.500,00, ainda há, para igualação entre os herdeiros, € 6.000,00 (€ 22.500,00 – € 15.000,00 – € 1.500,00), que serão divididos em três partes iguais de € 2.000,00.

Em conclusão:

Feita a *meia conferência* dos bens doados em vida aos descendentes partilhantes e cumprido o legado testamentário a X, em apenas € 1.500,00:

C e **D** e **E** teriam direito, cada um, na partilha, a um quinhão hereditário de € 7.000,00.

Nesta conformidade, **C** vê a sua doação (no valor de € 9.000,00) reduzida em € 2.000,00 (€ 5.000,00 que imputa na sua quota legitimária + € 2.000,00 que imputa na quota disponível de A, para igualação), num total de € 7.000,00;

D vê a sua doação reduzida em € 5.000,00 (de que imputa € 5.000,00 na sua quota legitimária e € 2.000,00, na quota disponível de A), num total de € 7.000,00;

F e **G**, por direito de representação de **E**, recebem cada um € 3.500,00, valor correspondente a ½ de € 7.000,00, que **E** poderia herdar se fosse vivo (sendo € 5.000,00 para preenchimento da quota legitimária e € 2.000,00 da quota disponível de A), num total de € 7.000,00;

Capítulo II
Sucessão legítima por via colateral

Na sucessão legítima por via colateral, os irmãos (parentes do *de cuius* em 2º grau da linha colateral) excluem, sem prejuízo do direito de representação (artigos 2042º e 2145º, do Código Civil), os sobrinhos (que são parentes do *de cuius* em 3º grau da linha colateral) e, na penúltima classe de sucessíveis legítimos, os primeiros tios (parentes do *de cuius* em 3º grau da linha colateral) excluem os primeiros primos ou os tios-avós do autor da sucessão (parentes deste em 4º grau da linha colateral), não se verificando aqui direito de representação (artigo 2042º, do Código Civil).

Sobre os graus de parentesco há que atender ao disposto nos artigos 1579º a 1581º, do Código Civil.

Na linha reta (descendente ou ascendente), há tantos graus quantas as pessoas que formam a linha de parentesco, excluindo o progenitor.

Exemplificando, os filhos são parentes dos pais no 1º grau da linha reta descendente; por sua vez, os pais são parentes dos filhos no 1º grau da linha reta ascendente; os netos são parentes dos avós no 2º grau da linha reta descendente e os avós são parentes dos netos no 2º grau da linha reta ascendente.

Na linha colateral, também se contam os graus pelo número de pessoas que formam a linha de parentesco, com exclusão do progenitor agora comum, só que, aqui, na contagem, sobe-se por um dos ramos da linha e desce-se pelo outro.

Exemplificando, os irmãos são entre si parentes colaterais do 2º grau, os tios e os sobrinhos são-no em 3º grau, os primeiros primos, por um lado, ou os tios-avós e os sobrinhos, por outro, são-no em 4º grau, etc..

A – O de cuius dispôs, entre vivos ou "mortis causa", de todos os bens

Quando não haja herdeiros legitimários (cônjuge, descendentes ou ascendentes), se o *de cuius* dispôs de parte ou de todo o seu património, entre vivos ou para depois da morte, válida e eficazmente, por doação entre vivos, por doação *mortis causa* ou por testamento, não se aplicam as regras supletivas da sucessão legítima (artigos 2131º e ss, do Código Civil).

Não esquecer, entretanto, que a quota disponível é a porção de bens da herança de que o de *cuius* pode dispor livremente, quer por doação *inter vivos*, quer por doação *mortis causa*, quer por testamento.

A quota disponível é toda a herança, não havendo herdeiros legitimários, mas será a quota restante da legítima, havendo-os.

Em primeiro lugar estão as disposições contratuais, seguidas das testamentárias e só se dará o chamamento dos sucessores legítimos se, face àquelas disposições voluntárias, houver remanescente da herança.

Nos casos em que excecionalmente são admitidas, nas doações *mortis causa* as partes podem estabelecer, por acordo, as quotas e os herdeiros.

Na sucessão testamentária, o testador pode instituir os herdeiros e as quotas que lhes caberão, assim como pode regular os termos e as proporções de direitos de representação e de acrescer.

As normas legais supletivas, para determinação de sucessíveis efetivamente chamados (artigos 2225º a 2228º, do Código Civil), de direito de representação (artigo 2041º, do Código Civil) e de direito de acrescer, só serão aplicadas no caso de o testador não ter manifestado vontade noutro sentido.

Determinada (pelo título de doação *mortis causa*, ou pelo testamento) a quota subjetiva de cada um dos herdeiros partilhantes, considera-se o valor da universalidade da herança e determina-se o montante em dinheiro de cada uma das quotas dos herdeiros partilhantes[36].

---

[36] A não ser que toda a herança seja constituída por dinheiro, o valor de cada quota será corporizado por bens da herança ou por tornas.

PARTE I. A PARTILHA DA HERANÇA

B – O de cuius não dispôs, entre vivos ou "mortis causa," de todos os bens

O chamamento dos sucessores legítimos[37] dar-se-á se, face às disposições voluntárias do *de cuius*, houver remanescente da herança. Que o mesmo é dizer que os herdeiros legítimos[38] concorrem à parte do património de que o falecido não dispôs.

1. Havendo um irmão[39] do falecido

Salvaguardados o direito de representação e o direito de acrescer, pressupondo a capacidade sucessória e a aceitação, o património de que o *de cuius* não dispôs validamente caberá ao único irmão.

2. Havendo mais do que um irmão do falecido

A diferença relativamente à situação do número anterior está em que os irmãos sucedem em partes iguais da herança.

3. Havendo um sobrinho[40] do falecido

Na falta de irmãos do *de cuius*, (salvaguardados o direito de representação e o direito de acrescer), pressupondo a capacidade sucessória e a aceitação, o património de que o *de cuius* não dispôs validamente caberá ao único sobrinho.

4. Havendo mais do que um sobrinho do falecido

A diferença relativamente à situação do número anterior está em que os sobrinhos sucedem em partes iguais da herança.

---

[37] Sobre a sucessão dos irmãos e seus descendentes, e de outros colaterais até ao quarto grau, ver artigos 2145º, 2146º, 2147º e 2148º, do Código Civil.

[38] O artigo 2133º, do Código Civil estabelece as classes de sucessíveis.

Os herdeiros de cada uma das classes de sucessíveis preferem aos das classes imediatas (artigo 2134º, do Código Civil) e, dentro de cada classe, os parentes de grau mais próximo preferem aos de grau mais afastado (artigo 2135º, do Código Civil).

[39] Os irmãos são parentes do *de cuius*, no segundo grau da linha colateral.

[40] Os sobrinhos são parentes do *de cuius*, no terceiro grau da linha colateral.

5. Havendo um ou mais tios[41] do falecido

Na falta de irmãos e de sobrinhos do *de cuius*, (salvaguardados o direito de representação e o direito de acrescer), pressupondo a capacidade sucessória e a aceitação, o património de que o *de cuius* não dispôs validamente caberá ao tio ou tios, em partes iguais.

6. Havendo um ou mais tios-avós ou primeiros primos[42] do falecido

Na falta de herdeiros das classes anteriores, são chamados à sucessão os restantes colaterais até ao quarto grau, preferindo sempre os mais próximos.

O património de que o *de cuius* não dispôs validamente caberá ao tio--avô ou tios-avós e/ou primeiro(s) primo(s), em partes iguais.

Nesta classe sucessória não existe o direito de representação.[43]

---

[41] Os tios são parentes do *de cuius*, no terceiro grau da linha colateral.

[42] Os tios-avós e os primeiros primos são parentes do *de cuius*, no quarto grau da linha colateral.

[43] Artigo 2147º, do Código Civil: Na falta de herdeiros das classes anteriores, são chamados à sucessão os restantes colaterais até ao quarto grau, preferindo sempre os mais próximos.
Artigo 2042º, do Código Civil: Na sucessão legal, a representação tem sempre lugar, na linha reta, em benefício dos descendentes de filho do autor da sucessão e, na linha colateral, em benefício dos descendentes de irmão do falecido, qualquer que seja, num caso ou noutro, o grau de parentesco.

Capítulo III
Partilha por acordo

A partilha pode realizar-se por acordo de todos os interessados diretos, sem necessidade, portanto, de requerer **inventário.**

São interessados diretos na partilha o cônjuge meeiro, os herdeiros, o usufrutuário de parte da herança, o cônjuge do herdeiro casado em comunhão geral de bens e o adquirente de quinhão hereditário.

Não o são os donatários entre vivos, os legatários e os credores da herança que, podendo intervir em diversos atos do inventário, todavia, não o podem requerer.

Regime de balcão único
Com a entrada em vigor do Decreto-Lei nº 116/2008, de 4 de Julho, deixaram de ser obrigatórias as escrituras públicas para a compra e venda e para a constituição ou modificação de hipoteca voluntária que recaia sobre bens imóveis e, consequentemente, para os demais contratos onerosos pelos quais se alienem bens ou se estabeleçam encargos sobre eles, aos quais sejam aplicáveis as regras da compra e venda.

Igualmente, a escritura pública deixou de ser obrigatória para a doação de imóveis, para a alienação de herança ou de quinhão hereditário e para a constituição do direito real de habitação periódica. Estes atos passaram a poder ser realizados por documento particular autenticado.

Por outro lado, as entidades com competência para praticar atos relativos a imóveis por escritura pública ou documento particular autenticado passaram a estar obrigadas a promover o registo predial do ato em que tenham intervenção, assim desonerando os cidadãos e empresas das deslocações inerentes aos serviços de registo.

Finalmente, foi criado um elemento de segurança adicional para os serviços disponibilizados nestes «balcões únicos».

Passou a estar prevista a realização de um depósito eletrónico dos documentos relativos ao ato praticado por documento particular autenticado, cuja consulta substitui, para todos os efeitos legais, a apresentação perante qualquer entidade pública ou privada do documento em suporte de papel.

A partir de 1 de Janeiro de 2009 deixou de ser obrigatória, passando a ser facultativa, a celebração de escritura pública para a generalidade dos atos relativos a bens imóveis, podendo ser praticados por documento particular autenticado, em regime de «balcão único», pelas entidades infra referidas.

– Advogados,
– Câmaras de comércio e indústria,
– Notários,
– Serviços de Registo,
– Solicitadores.

Nestes balcões únicos junto das 5 entidades referidas passou a poder praticar-se, entre outros, os seguintes atos:

– Compra e venda;
– Hipoteca;
– Doação;
– Partilha;
– Contratos-promessa com eficácia real;
– Pactos de preferência com eficácia real;
– Constituição ou modificação da propriedade horizontal;
– Constituição ou modificação do direito de habitação periódica (time-sharing);
– Consignação de rendimentos (atribuição de uma renda resultante de um imóvel);
– Divisão de coisas comuns (divisão de imóvel que se encontra em regime de compropriedade);
– Mútuo (empréstimo) de valor superior a 20.000€;
– Transmissão de créditos garantidos por hipoteca.

Capítulo IV
Partilha por inventário[44]

O processo de inventário destina-se a pôr termo à comunhão hereditária ou, não carecendo de se realizar a partilha, a relacionar os bens que constituem objeto de sucessão e a servir de base à eventual liquidação da herança.

Pode ainda o inventário destinar-se à partilha consequente à extinção da comunhão de bens entre os cônjuges.

O processo de inventário, que tem normalmente papel divisório, pode também servir para descrição ou arrolamento de bens, ter finalidades de liquidação de dívidas da herança ou, também, de verificação de inoficiosidades.

Se o herdeiro aceita uma herança pura e simplesmente, sem primeiro inventariar os bens para saber se eles chegam para pagar as dívidas da herança, pode vir a ter de provar que os bens próprios da herança não são suficientes para pagar as dívidas da mesma, se quiser eximir-se a uma execução sobre o seu património pessoal.

---

[44] A Lei nº 23/2013 de 5 de março, que entrou em vigor no dia 2 de setembro de 2013, aprovou o regime jurídico do processo de inventário e alterou o Código Civil, o Código do Registo Predial, o Código do Registo Civil e o Código de Processo Civil.

A Portaria Nº 278/2013, de 26 de agosto, regulamenta o processamento dos atos e os termos do processo de inventário nos cartórios notariais, no âmbito do Regime Jurídico do Processo de Inventário.

A Portaria Nº 46/2015, de 23 de fevereiro, que procede à primeira alteração daquela e à sua republicação com as respetivas alterações, pode ser consultada nas páginas 147 e segs..

HERANÇAS & PARTILHAS

A perspetiva de análise do presente guia é o processo de inventário para partilha de heranças.

1. Direito de exigir partilha

Nos termos do artigo 2101º, do Código Civil, qualquer co-herdeiro ou o cônjuge meeiro tem o direito de exigir partilha quando lhe aprouver[45].

Não pode renunciar-se ao direito de partilhar, mas pode convencionar-se que o património se conserve indiviso por certo prazo, que não exceda cinco anos; é lícito renovar este prazo, uma ou mais vezes, por nova convenção.

2. Processo de Inventário

Com a entrada em vigor, em 2 de Setembro de 2013, da Lei nº 23/2013, de 5 de março, procede-se à partilha por inventário:

a) Quando não houver acordo de todos os interessados na partilha;

b) Quando o Ministério Público entenda que o interesse do incapaz a quem a herança é deferida implica aceitação beneficiária;

c) Nos casos em que algum dos herdeiros não possa, por motivo de ausência em parte incerta ou de incapacidade de facto permanente, intervir em partilha realizada por acordo.

A competência para o processo de inventário é dos **cartórios notariais.**

Aos tribunais da respetiva comarca competem, em geral:

– As questões que, atenta a sua natureza ou a complexidade da matéria de facto e de direito, não devam ser decididas no processo de inventário (artigo 16º);

---

[45] O cônjuge do herdeiro apenas terá legitimidade para requerer o inventário se o regime matrimonial de bens for o da comunhão geral.

Poderá também entender-se que o usufrutuário de quota de herança, como interessado direto na partilha, deverá ter legitimidade para requerer inventário e, portanto, também pode exigir a partilha. Outras pessoas parece gozarem do direito de exigir partilha, designadamente, as pessoas a favor das quais se tenham transmitido os direitos hereditários, por força da lei, ou por convenção das partes:

– Credores do herdeiro repudiante em caso de sub-rogação nos termos do artigo 2067º do Código Civil, uma vez que só após o pagamento das suas dívidas, que podem exigir a partilha, cessam os seus poderes de intervenção;

– O cessionário, em caso de alienação da herança – 2124º e ss do Código Civil.

PARTE I. A PARTILHA DA HERANÇA

- Conhecer, nomeadamente, da impugnação do despacho determinativo da forma da partilha (artigo 57º, nº 4);
- Proferir decisão homologatória da partilha constante do mapa e das operações de sorteio (artigo 66º), da qual cabe recurso de apelação, nos termos do Código de Processo Civil, para o Tribunal da Relação territorialmente competente (artigo 66º, nº 3).

Legitimidade (artigo 4º)

1 – Têm legitimidade para requerer que se proceda a inventário e para nele intervirem, como partes principais, em todos os atos e termos do processo:

a) Os interessados diretos na partilha;

b) Quem exerce as responsabilidades parentais, o tutor ou o curador, consoante os casos, quando a herança seja deferida a incapazes ou a ausentes em parte incerta.

2 – Existindo herdeiros legitimários, os legatários e os donatários são admitidos a intervir em todos os atos, termos e diligências suscetíveis de influir no cálculo ou determinação da legítima e implicar eventual redução das respetivas liberalidades.

3 – Os credores da herança e os legatários são admitidos a intervir nas questões relativas à verificação e satisfação dos seus direitos.

Não são interessados diretos na partilha e, por isso, não têm legitimidade para requerer inventário, *os donatários entre vivos, os legatários e os credores da herança*, embora possam intervir para fins específicos, em diversos atos do mesmo.

A marcha do processo de inventário

O inventário inicia-se com o requerimento, apresentado no cartório notarial competente, ou seja, sediado no município do lugar da abertura da sucessão[46].

---

[46] Lei nº 23/2013, de 5 de março

Artigo 3º

1 – Compete aos cartórios notariais sediados no município do lugar da abertura da sucessão efetuar o processamento dos atos e termos do processo de inventário e da habilitação de uma pessoa como sucessora por morte de outra.

2 – Em caso de impedimento dos notários de um cartório notarial, é competente qualquer dos outros cartórios notariais sediados no município do lugar da abertura da sucessão.

O processo de inventário, que tem normalmente papel divisório, pode também servir para descrição ou arrolamento de bens, ter finalidades de liquidação de dívidas da herança ou, também, de verificação de inoficiosidades.

Se o herdeiro aceita uma herança pura e simplesmente, sem primeiro inventariar os bens para saber se eles chegam para pagar as dívidas da herança, pode vir a ter de provar que os bens próprios da herança não são suficientes para pagar as dívidas da mesma, se quiser eximir-se a uma execução sobre o seu património pessoal.

I – Do requerimento inicial à conferência preparatória

De destacar, nesta primeira fase:	
a) Apresentação do requerimento	(art° 21° do RJPI)
b) Nomeação do cabeça de casal	(artigo 22°)
c) Prestação de declarações e de compromisso de honra e apresentação da relação de bens	(artigos 22° a 27°)
d) Citações e notificações, oposição, impugnações e sua decisão	(artigos 28° a 30°)
e) Relação de bens	(artigos 25° e 26°)
f) Reclamação contra a relação de bens, sua decisão e avaliação	(artigos 32°, 33°, 35° e 36°)
g) Conferência preparatória	(artigos 47° e 48°)

a) Requerimento do inventário – artigo 21º

1 – O requerente do inventário destinado a pôr termo à comunhão hereditária junta documento comprovativo do óbito do autor da sucessão e indica quem, nos termos da lei civil, deve exercer as funções de cabeça-de-casal.

2 – O modelo do requerimento de inventário é aprovado por portaria do membro do Governo responsável pela área da justiça.

---

3 – Não havendo cartório notarial no município a que se referem os números anteriores é competente qualquer cartório de um dos municípios confinantes.

> A Portaria nº 278/2013, de 26 de Agosto, regulamenta vários atos a praticar nesta fase processual, designadamente o requerimento de inventário.
>
> A apresentação do requerimento de inventário pode ser feita, nos termos do artigo 5º, nº 1, da Portaria:
>
> *a)* Pelo interessado ou pelo seu mandatário, através do preenchimento de formulário eletrónico disponibilizado no sistema informático de tramitação do processo de inventário, e da junção dos documentos relevantes, de acordo com os procedimentos e instruções aí constantes;
>
> *b)* Pelo interessado, no Cartório Notarial, em suporte físico, através da apresentação do modelo de requerimento de inventário previsto no artigo anterior, juntamente com os documentos relevantes.

Apresentado o requerimento, o sistema informático de tramitação do processo de inventário [nos casos da alínea *a)*, referida], ou o cartório notarial [nos casos da alínea *b)*], disponibilizam ao requerente o comprovativo de entrega do requerimento.

Este comprovativo contém: a data e a hora da entrega do requerimento; o código e as instruções de acesso ao sítio www.inventarios.pt para efeito de consulta de processo por parte do cidadão que não tenha cartão de cidadão; a referência multibanco para pagamento da 1ª prestação dos honorários do notário, bem como o montante dessa prestação; e o número que será atribuído ao processo no seguimento do pagamento da 1ª prestação dos honorários do notário (artigo 5º, nº 2, da Portaria).

O requerimento de inventário só se considera apresentado na data em que for efetuado o pagamento da 1ª prestação dos honorários do notário, ou em que foi entregue o documento comprovativo do pedido de apoio judiciário.

Ultrapassados os prazos previstos para os pagamentos das prestações sem que estes tenham sido realizados na íntegra, o notário pode suspender o processo de inventário e proceder ao arquivamento do mesmo, nos termos do artigo 19º do regime jurídico do processo de inventário aprovado pela Lei nº 23/2013, de 5 de março.

Tendo sido concedido apoio judiciário, o documento que o comprove deverá ser junto inicial. Caso o pedido de apoio judiciário não seja decidido favoravelmente, o processo prossegue após o pagamento da 1ª prestação de honorários (artigo 5º, nºs 3, 4 e 5, da Portaria).

A apresentação das restantes peças processuais (artigo 6º da Portaria), incluindo dos documentos que as acompanham, é efetuada das seguintes formas:

a) Quando apresentada pelo interessado:
- Por via eletrónica, através do acesso ao sistema informático de tramitação do processo de inventário nos termos previstos no nº 3 do artigo 2º, de acordo com os procedimentos e instruções aí previstos, e recorrendo à assinatura eletrónica constante do cartão de cidadão;
- Por remessa postal, sob registo, para o cartório notarial;
- Por entrega no cartório notarial;

b) Quando apresentada por mandatário
- Por via eletrónica, através do acesso ao sistema informático de tramitação do processo de inventário.

O notário deve providenciar pelos elementos indispensáveis à instrução do requerimento inicial, caso os possa obter oficiosamente (artigo 8º, nº 1 da Portaria).[47]

Se os mesmos ocasionarem despesas pelo notário, que o mesmo deva fazer para obtenção dos elementos em falta, deverá este notificar o responsável pelo pagamento da despesa, previamente à realização do ato a que a mesma respeita, para proceder ao respetivo pagamento, não sendo praticado o ato em causa enquanto não ocorrer o seu pagamento.

---

[47] Se o notário não conseguir obter oficiosamente os elementos em falta, ou os documentos necessários não tenham sido entregues corretamente, devem ser notificados os interessados já citados para, em 10 dias, corrigir ou completar o requerimento ou outra peça processual ou para fazerem prova de que solicitaram os documentos em falta.
Findo o prazo referido no número anterior sem que os interessados pratiquem os atos aí previstos, o notário pode, nos termos do artigo 19º do regime jurídico 1026 Diário da República, 1ª série – Nº 37 – 23 de fevereiro de 2015 do processo de inventário aprovado pela Lei nº 23/2013, de 5 de março, determinar o arquivamento do processo, não havendo, no caso de arquivamento, direito a qualquer devolução de honorários já pagos (artigo 8º, nºs 1, 2 e 3).
Apenas devem ser exibidos os originais dos documentos se tal for solicitado pelo notário. As cópias têm a força probatória dos originais, nos termos definidos para as certidões (artigo 7º da Portaria).

PARTE I. A PARTILHA DA HERANÇA

Não sendo possível determinar previamente o montante da despesa, o notário, após a realização do ato, notifica o responsável pelo pagamento da despesa para o pagamento da mesma no prazo de 10dias (artigo 21º, nºs 2 e 3, da Portaria). Se os mesmos ocasionarem despesas pelo notário, que o mesmo deva fazer para obtenção dos elementos em falta, deverá este notificar o responsável pelo pagamento da despesa, previamente à realização do ato a que a mesma respeita, para proceder ao respetivo pagamento, não sendo praticado o ato em causa enquanto não ocorrer o seu pagamento.

Nos termos do artigo 22º da Portaria, a responsabilidade pelo pagamento das despesas nos inventários para partilha de herança, sem prejuízo do disposto no artigo 67º da Lei nº 23/2013, de 5 de Março, é do interessado que requereu a prática do ato gerador da despesa ou, caso tal ato não tenha sido requerido por nenhum interessado, do requerente do inventário.[48]

Findo o processo, o interessado que pagou a despesa tem direito de regresso relativamente aos demais responsáveis pelas custas devidas pela tramitação do inventário, nos termos e nas proporções previstas no artigo 67º do regime jurídico do processo de inventário aprovado pela Lei nº 23/2013, de 5 de março.

DO REQUERIMENTO INICIAL, **devem constar:**
– A identificação do Cartório Notarial, o fim do inventário, a identificação do requerente e a qualidade em que intervém, a identificação do autor da herança, se pretende a cumulação, caso em que identificará outro(s) inventariado(s), identificação da existência de bens ou de testamento e a identificação do cabeça de casal.[49]

---

[48] Tratando-se de inventário em consequência de separação, divórcio, declaração de nulidade ou anulação de casamento, todas as despesas são pagas por ambos os cônjuges, na proporção de metade para cada um, procedendo o notário à emissão de duas referências multibanco, notificando cada cônjuge de apenas uma delas, sem prejuízo do disposto no nº 2 do artigo 80º da Lei nº 23/2013, de 5 de Março, devendo o notário, após requerimento da parte que pretende assumir a integralidade do pagamento das custas, emitir novas referências multibanco em conformidade (artigo 27º da Portaria).

[49] Tratando-se de partilha por separação, divórcio, declaração de nulidade ou de anulação de casamento, deve o requerente indicar o regime de bens, a identificação do ex-cônjuge e a identificação do cabeça-de casal.

Ao concluir o requerimento, dever-se-á indicar **o valor** do inventário.[50]

Se o valor se alterar no decurso da tramitação do processo, por virtude da avaliação que seja efetuada aos bens ou de diverso valor que as partes acordem atribuir aos mesmos, prescreve o nº 4 do artigo 299º do Código de Processo Civil, que "Nos processos de liquidação ou noutros em que, analogamente, a utilidade económica do pedido só se define na sequência da ação, o valor inicialmente aceite é corrigido logo que o processo forneça os elementos necessários".

O momento próprio para fixar este valor será o que vem prescrito no artigo 306º Código de Processo Civil, que a propósito da fixação do valor estabelece que cabe ao juiz fixá-lo, por regra no despacho saneador, salvo nos processos a que se refere o nº 4 do artigo 299º e naqueles em que não haja lugar a despacho saneador, sendo então fixado na sentença.

b) Nomeação, substituição, escusa ou remoção do cabeça-de-casal – artigo 22º

1 – Para designar o cabeça-de-casal, o notário pode colher as informações necessárias, e se, pelas declarações da pessoa designada, verificar que o encargo compete a outrem, defere-o a quem couber.

2 – O cabeça-de-casal pode ser substituído a todo o tempo, por acordo de todos os interessados na partilha.

3 – A substituição, a escusa e a remoção do cabeça-de-casal designado constituem incidentes do processo de inventário.

4 – Sendo impugnada a legitimidade do cabeça-de-casal, ou requerida a escusa ou a remoção deste, prossegue o inventário com o cabeça-de-casal designado, até ser decidido o incidente.

---

[50] Nos termos do nº 3 do artigo 302º do Código de Processo Civil, "Nos processos de inventário, atende-se à soma do valor dos bens a partilhar; quando não seja determinado o valor dos bens, atende-se ao valor constante da relação apresentada no serviço de finanças".

c) *Declarações do cabeça-de-casal*[51] *– artigo 24º*

Ao ser citado, o cabeça-de-casal é advertido do âmbito das declarações que deve prestar e dos documentos que lhe incumbe juntar.

Prestado o compromisso de honra do bom desempenho da sua função, o cabeça-de-casal presta declarações, que pode delegar em mandatário judicial, nas quais deve constar:

a) A identificação do autor da herança, o lugar da sua última residência e a data e o lugar em que tenha falecido;

b) A identificação dos interessados diretos na partilha;

c) Quem exerce as responsabilidades parentais, a tutela ou a curadoria, quando a herança seja deferida a incapazes ou a ausentes em parte incerta, bem como dos legatários, credores da herança e, havendo herdeiros legitimários, dos donatários, com indicação das respetivas residências atuais e locais de trabalho;

d) Tudo o mais necessário ao desenvolvimento do processo.

No ato de declarações, o cabeça-de-casal apresenta os testamentos, convenções antenupciais, escrituras de doação e certidões de perfilhação que se mostrem necessárias, assim como a relação de todos os bens que devem figurar no inventário, ainda que a sua administração não lhe pertença.

---

[51] Breve referência à administração da herança (Código Civil):

Artigo 2079º – Cabeça-de-casal

A administração da herança, até à sua liquidação e partilha, pertence ao cabeça-de-casal.

Artigo 2079º – A quem incumbe o cargo

1 – O cargo de cabeça-de-casal defere-se pela ordem seguinte:

a) Ao cônjuge sobrevivo, não separado judicialmente de pessoas e bens, se for herdeiro ou tiver meação nos bens do casal;

b) Ao testamenteiro, salvo declaração do testador em contrário;

c) Aos parentes que sejam herdeiros legais;

d) Aos herdeiros testamentários.

2 – De entre os parentes que sejam herdeiros legais, preferem os mais próximos em grau.

3 – De entre os herdeiros legais do mesmo grau de parentesco, ou de entre os herdeiros testamentários, preferem os que viviam com o falecido há pelo menos um ano à data da morte.

4 – Em igualdade de circunstâncias, prefere o herdeiro mais velho.

Escusa do cargo, artigo 2085º, C. Civil – Remoção do cabeça-de-casal, artigo 2086º, C. Civil – Prestação de contas, artigo 2093º, C. Civil.

Estes são alguns dos incidentes que poderão ter lugar no processo de inventário.

Não estando em condições de apresentar todos os elementos exigidos, o cabeça-de-casal justifica a falta e pede, fundamentadamente, a concessão de prazo para os fornecer.

São considerados habilitados como tal os herdeiros que tiverem sido indicados pelo cabeça-de-casal, desde que:

a) Todos os herdeiros tenham sido citados para o inventário; e

b) Nenhum herdeiro tenha impugnado a sua legitimidade ou a dos outros herdeiros no prazo legalmente fixado ou se, tendo havido impugnação, esta tenha sido julgada improcedente.

Caso seja apresentada certidão do inventário, pela qual se provem os factos indicados, observa-se o disposto no artigo 24º.

A generalidade dos atos de administração da herança compete ao cabeça-de-casal; porém, a competência para a prática de certos atos só a têm todos os herdeiros no seu conjunto.

Todos os herdeiros em conjunto poderão, por ex., vender os bens hereditários, móveis ou imóveis (os frutos, como vimos, podem ser alienados pelo cabeça-de-casal), pagar as dívidas da herança (fora dos casos de despesas do funeral, sufrágios e administração), exigir judicialmente créditos da herança cuja cobrança não perigue com a demora.

Por outro lado, também só contra todos os herdeiros poderá, por ex., ser exigido judicialmente um crédito da herança, reivindicada a propriedade de um bem tido como hereditário, constituída uma servidão, ou exercida uma preferência sobre um bem hereditário.

Pode acontecer que o autor da sucessão institua por testamento um testamenteiro, ou mais, encarregando-o de vigiar o cumprimento do testamento e de o executar.

Ao testamenteiro não compete (a menos que seja cabeça-de-casal) administrar os bens da herança, mas poderá alienar certos bens da mesma, se isso for necessário para o exercício das suas funções.

O cabeça-de-casal tem legitimidade para obter a entrega de bens da herança, cobrança de dívidas ativas da herança, se houver *periculum in mora* ou o pagamento for feito espontaneamente, pagar despesas do funeral e sufrágios e encargos de administração, mediante a venda de frutos não deterioráveis, na medida do necessário.

E tem a obrigação de participar às Finanças o óbito do autor da sucessão, de aí apresentar a relação de bens e os documentos necessários à liquidação, de relacionar os bens, em caso de inventário, de fornecer os

PARTE I. A PARTILHA DA HERANÇA

elementos necessários ao prosseguimento deste, de vender os frutos ou outros bens deterioráveis da herança, de entregar a qualquer dos herdeiros ou ao cônjuge meeiro, que o solicite, até metade dos rendimentos que lhes caibam, de prestar contas anualmente e de distribuir pelos interessados o saldo positivo que houver, e que lhes couber, sem prejuízo da quantia necessária para suportar os encargos de administração do novo ano.

Pode dar de arrendamento bens da herança por prazo até seis anos, manter arrendadas as propriedades e cobrar as respetivas rendas, fazer as obras necessárias à conservação dos bens da herança, pagar os impostos e contribuições, água, luz, salários, prémios de seguro, etc., continuar os negócios do *de cuius* (comércio, indústria, exploração agrícola, pecuária, etc., movimentar os depósitos bancários).

Não deverá proceder a cortes de árvores, constituir garantias patrimoniais, nem efetuar benfeitorias úteis ou voluptuárias sobre os bens da herança.

A natureza pessoal do cargo e as qualidades para o mesmo exigidas obstam à sua transmissibilidade em vida ou por morte.

Se o cabeça-de-casal alienar o seu quinhão hereditário, nem por isso o cabecelato se transmite ao adquirente.

Questão diferente é a de saber se o cabeça-de-casal pode delegar os seus poderes. Tudo parece indicar que sim, mediante procuração para a prática de determinados atos, ou núcleos de atos determináveis.

d) Se o processo dever prosseguir, são citados[52] para os seus termos – artigo 28º

Quando o processo deva prosseguir, são citados para os seus termos os interessados diretos na partilha, quem exerce as responsabilidades parentais, a tutela ou a curadoria, quando a sucessão seja deferida a incapazes ou a ausentes em parte incerta, os legatários, os credores da herança e, havendo herdeiros legitimários, os donatários.

---

[52] Antes de ordenar as citações, o notário deve verificar se estão ou não nomeados representantes aos incapazes (menores, interditos, inabilitados, anómalos psíquicos, surdos-mudos, cegos, quando não esteja judicialmente decretada a interdição ou inabilitação) bem como aos paralíticos e às pessoas impossibilitadas de receber a citação, aos ausentes, aos insolventes e às pessoas coletivas.

HERANÇAS & PARTILHAS

O requerente do inventário e o cabeça-de-casal são notificados do despacho que ordene as citações.

O cabeça-de-casal e o requerente do processo não são citados, mas notificados, uma vez que já foram citados, o primeiro, para prestar declarações e compromisso de honra, o segundo, por ter no processo posição equivalente à de autor.

Os **herdeiros** são citados para todos os termos do processo, podendo aí suscitar todas as questões e deduzir todos os incidentes que a lei lhes faculta, designadamente, deduzir oposição ao inventário, impugnar a sua própria legitimidade ou a de outras pessoas citadas, impugnar a competência do cabeça-de-casal, deduzir a intervenção de qualquer interessado, etc..

Os **legatários** e os **credores** são citados para defenderem os interesses patrimoniais que têm na herança; os **donatários**, havendo herdeiros legitimários, para defenderem as doações de eventual inoficiosidade.[53]

e) Relação de bens – artigos 25º e 26º

Artigo 25º – Relação de bens

Os bens que integram a herança são especificados na relação por meio de verbas, sujeitas a uma só numeração, pela ordem seguinte: direitos de crédito, títulos de crédito, dinheiro, moedas estrangeiras, objetos de ouro, prata e pedras preciosas e semelhantes, outras coisas móveis e bens imóveis.

---

[53] Lei nº 23/2013, de 5 de março:
Artigo 30º (Oposição e impugnações)
1 – Nos 20 dias a contar da citação, os interessados diretos na partilha e quem exerce as responsabilidades parentais, a tutela ou a curadoria, quando tenham sido citados, podem:
a) Deduzir oposição ao inventário;
b) Impugnar a legitimidade dos interessados citados ou alegar a existência de outros;
c) Impugnar a competência do cabeça-de-casal ou as indicações constantes das suas declarações; ou
d) Invocar quaisquer exceções dilatórias.
2 – As faculdades previstas no número anterior podem também ser exercidas pelo cabeça-de-casal e pelo requerente do inventário, contando-se o prazo para o seu exercício da notificação do despacho que ordena as citações.
3 – Quando houver herdeiros legitimários, os legatários e os donatários são admitidos a deduzir impugnação relativamente às questões que possam afetar os seus direitos.

As dívidas são relacionadas em separado, sujeitas a numeração própria.

A menção dos bens é acompanhada dos elementos necessários à sua identificação e ao apuramento da sua situação jurídica.

Não havendo inconveniente para a partilha, podem ser agrupados, na mesma verba, os móveis, ainda que de natureza diferente, desde que se destinem a um fim unitário e sejam de pequeno valor.

As benfeitorias pertencentes à herança são descritas em espécie, quando possam separar -se do prédio em que foram realizadas, ou como simples crédito, no caso contrário.

As benfeitorias efetuadas por terceiros em prédio da herança são descritas como dívidas, quando não possam ser levantadas por quem as realizou.

O cabeça-de-casal é nomeado como depositário em relação aos bens arrolados.

Artigo 26º – Indicação do valor

Além de os relacionar, o cabeça-de-casal indica o valor que atribui a cada um dos bens.

O valor dos prédios inscritos na matriz é o respetivo valor matricial, devendo o cabeça-de-casal apresentar a respetiva certidão.

São mencionados como bens ilíquidos:

a) Os direitos de crédito ou de outra natureza, cujo valor não seja ainda possível determinar;

b) As partes sociais em sociedades cuja dissolução seja determinada pela morte do inventariado, desde que a respetiva liquidação não esteja concluída, mencionando-se, entretanto, o valor que tinham segundo o último balanço.

Especificando:
Direitos de crédito

Desde que tenham sido constituídos até à morte do *de cuius*, devem ser todos relacionados, com identificação e morada do devedor, indicação da proveniência, taxa de juro que vence e montante de juros vencidos até à morte do inventariado.

Quer sejam líquidos ou ilíquidos, vencidos ou não, deverão ser todos relacionados.

Neste grupo devem ser relacionados, por ex., trespasses de estabelecimentos comerciais, indemnizações por perdas e danos, o direito e ação a uma quota-parte de herança, direitos de autor de carácter patrimonial, os direitos protegidos pelo Código da Propriedade Industrial, cujo valor será indicado pelo cabeça-de-casal.

Títulos de crédito

Aqui se compreendem as obrigações, letras, livranças, ações nominativas ou ao portador de sociedades anónimas e ainda as participações sociais em sociedades que não sejam por ações.

Devem ser identificados pelo número, caraterísticas e juros que vencem e, as participações sociais, pelo seu montante e empresas a que respeitam.

Dinheiro, moedas estrangeiras, objetos de ouro, prata, pedras preciosas e semelhantes

Deve indicar-se o montante das quantias, a proveniência das moedas e a sua época, os sinais distintivos dos objetos de metais preciosos, peso, qualidade, etc..

O valor das moedas estrangeiras é o da respetiva cotação ou, não a tendo, o do seu câmbio com outra moeda que esteja cotada.

Quanto aos metais e pedras preciosas e semelhantes é o cabeça-de--casal que indica o seu valor.

Estabelecimento comercial e industrial

O cabeça-de-casal deverá indicar o valor do estabelecimento, segundo o que resultar do último balanço, de acordo com o critério previsto no artigo 603º *i*), do Código Processo Civil.

Este balanço é feito nos termos do Código Comercial e não se confunde com os resultados de exercício, nem com a participação feita às Finanças para fins tributários.

Restantes coisas móveis

Relacionam-se numa única verba as que formem conjunto ou sejam da mesma natureza, como por ex. uma mobília de sala, uma biblioteca, uma coleção de moedas, um serviço de louça, um rebanho, uma junta de bois, etc.

Bens imóveis[54]

Cada prédio deverá ser relacionado numa verba, com indicação da sua localização, confrontações, denominação, número de polícia, artigo matricial, descrição do registo predial, ou menção da omissão, pertenças, servidões e outros ónus.

O seu valor é o do valor matricial, se estiverem inscritos na matriz, devendo juntar-se aos autos a respetiva certidão ou, sendo omissos, deverá ser indicado pelo cabeça-de-casal.

Benfeitorias[55]

As benfeitorias feitas pelo inventariado, em prédio não pertencente à herança, se podem separar-se do prédio em que foram feitas, pertencem à herança e são descritas em espécie; se não podem separar-se do prédio, são descritas como crédito.

As benfeitorias feitas por terceiros em prédio da herança, se puderem separar-se, pertencem ao benfeitorizante que poderá levantá-las livremente; não podendo separar-se, são descritas como dívidas.

As **benfeitorias feitas por donatário** em prédio doado têm um regime diferente.

Como não é um terceiro em relação à herança, é equiparado ao possuidor de boa fé, com direito a ser indemnizado das benfeitorias necessárias que haja feito, a levantar as benfeitorias úteis que o possam ser sem detrimento da coisa e, em caso de este existir, a ser indemnizado segundo as regras do enriquecimento sem causa (artigos 2115º e 1273º, do Código Civil).

Neste caso, o prédio descreve-se com menção das benfeitorias. Indica-se o valor do prédio, como ficou referido acima. E indica-se o valor das benfeitorias, que será descontado ao valor do prédio doado.

---

[54] O artigo 204º, do Código Civil, designa como imóveis, não apenas os prédios urbanos e rústicos, mas também as águas, as árvores, os arbustos e os frutos naturais, enquanto estiverem ligados ao solo, os direitos inerentes, e as partes integrantes dos prédios rústicos e urbanos, ou seja, toda a coisa móvel ligada materialmente ao prédio com carácter de permanência.

[55] Consideram-se benfeitorias todas as despesas feitas para conservar ou melhorar a coisa. Podem ser **necessárias, úteis, ou voluptuárias**.

Necessárias, se têm por fim evitar a perda, destruição ou deterioração da coisa; **úteis**, as que, não sendo indispensáveis para a sua conservação, lhe aumentam o valor; **voluptuárias**, as que, não sendo indispensáveis para a sua conservação, nem lhe aumentando o valor, servem apenas para recreio do benfeitorizante – cfr. artigo 216º, do Código Civil.

Dívidas

As dívidas, como já foi dito, relacionam-se em separado, em verbas numeradas, mas com numeração diferente das verbas do ativo. Nesta relação deverão também ser descritas e indicadas as suas origens, fazendo-se junção dos documentos que as titulem.

As dívidas fiscais, as do funeral e sufrágios do falecido, por ex., podem ser pagas pelo cabeça-de-casal, sem necessidade de prévia aprovação, sendo tidas como despesas no processo de prestação de contas.

f) Reclamação contra a relação de bens – artigo 32º

1 – Apresentada a relação de bens, todos os interessados podem, no prazo previsto no nº 1 do artigo 30º, reclamar contra ela:

a) Acusando a falta de bens que devam ser relacionados;

b) Requerendo a exclusão de bens indevidamente relacionados, por não fazerem parte do acervo a dividir; ou

c) Arguindo qualquer inexatidão na descrição dos bens, que releve para a partilha.

2 – Os interessados são notificados da apresentação da relação de bens, enviando -se -lhes cópia da mesma.

3 – Quando o cabeça-de-casal apresentar a relação de bens ao prestar as suas declarações, a notificação prevista no número anterior tem lugar conjuntamente com as citações para o inventário.

4 – No caso previsto no número anterior, os interessados podem exercer, no prazo da oposição, as faculdades previstas no nº 1.

5 – As reclamações contra a relação de bens podem ainda ser apresentadas até ao início da audiência preparatória, sendo o reclamante condenado em multa, exceto se demonstrar que a não pôde oferecer no momento próprio, por facto que não lhe é imputável.

g) Avaliação feita por um único perito nomeado pelo notário[56] – artigo 33º

1 – Com a oposição ao inventário pode qualquer interessado impugnar o valor indicado pelo cabeça-de-casal para cada um dos bens, oferecendo o valor que se lhe afigure adequado.

---

[56] Sobre avaliação, ver artigos (2109º, 551º), do Código Civil.

PARTE I. A PARTILHA DA HERANÇA

2 – Tendo sido impugnado o valor dos bens, a respetiva avaliação é efetuada por um único perito, nomeado pelo notário, aplicando-se, com as necessárias adaptações, o disposto no Código de Processo Civil quanto à prova pericial.

Se estiverem relacionados bens indivisíveis de que algum dos interessados seja comproprietário, excedendo a sua quota metade do respetivo valor e fundando-se o seu direito em título que a exclua do inventário ou, não havendo herdeiros legitimários, em doação ou legado do autor da herança, o interessado em causa pode requerer que a parte relacionada lhe seja adjudicada. Da mesma forma que pode qualquer interessado formular pedido de adjudicação relativamente a quaisquer bens fungíveis ou títulos de crédito, na proporção da sua quota, salvo se a divisão em espécie puder acarretar prejuízo considerável.

Os restantes interessados são ouvidos sobre as questões da indivisibilidade ou do eventual prejuízo causado pela divisão, podendo qualquer dos interessados requerer que se proceda à avaliação (artigo 34º RJPI).

Estes pedidos de adjudicação são deduzidos na conferência preparatória e encontram-se sujeitos aos limites estabelecidos para aquela forma de alienação.

h) Conferência preparatória da conferência de interessados – artigos 47º e 48º

Resolvidas as questões suscitadas suscetíveis de influir na partilha e determinados os bens a partilhar, o notário designa dia para a realização de conferência preparatória da conferência de interessados.

Saneamento do processo e marcação da conferência preparatória (Artigo 47º)

1 – Resolvidas as questões suscitadas que sejam suscetíveis de influir na partilha e determinados os bens a partilhar, o notário designa dia para a realização de conferência preparatória da conferência de interessados.

2 – Os interessados podem fazer-se representar na conferência preparatória por mandatário com poderes especiais e confiar o mandato a qualquer outro interessado.

3 – Na notificação das pessoas convocadas faz -se sempre menção do objeto da conferência.

4 – Os interessados diretos na partilha que residam na área do município são notificados com obrigação de comparência pessoal, ou de se fazerem representar nos termos do nº 2, sob cominação de pagamento de taxa suplementar prevista em portaria do membro do Governo responsável pela área da justiça.

5 – A conferência pode ser adiada, por determinação do notário ou a requerimento de qualquer interessado, por uma só vez, se faltar algum dos convocados e houver razões para considerar viável o acordo sobre a composição dos quinhões.

Assuntos a submeter à conferência preparatória
(Artigo 48º)

1 – Na conferência podem os interessados deliberar, por maioria de dois terços dos titulares do direito à herança e independentemente da proporção de cada quota, que a composição dos quinhões se realize por algum dos modos seguintes:

a) Designando as verbas que devem compor, no todo ou em parte, o quinhão de cada um deles e os valores por que devem ser adjudicados;

b) Indicando as verbas ou lotes e respetivos valores, para que, no todo ou em parte, sejam objeto de sorteio pelos interessados;

c) Acordando na venda total ou parcial dos bens da herança e na distribuição do produto da alienação pelos diversos interessados.

2 – As diligências referidas nas alíneas *a)* e *b)* do número anterior podem ser precedidas de avaliação, requerida pelos interessados ou oficiosamente determinada pelo notário, destinada a possibilitar a repartição igualitária e equitativa dos bens pelos vários interessados.

3 – Aos interessados compete ainda deliberar sobre a aprovação do passivo e da forma de cumprimento dos legados e demais encargos da herança.

4 – Na falta da deliberação prevista no nº 1, incumbe ainda aos interessados deliberar sobre quaisquer questões cuja resolução possa influir na partilha.

5 – A deliberação dos interessados presentes, relativa às matérias contidas no número anterior, vincula os demais que, devidamente notificados, não tenham comparecido na conferência.

6 – O inventário pode findar na conferência, por acordo dos interessados, sem prejuízo do disposto no artigo 5º.

PARTE I. A PARTILHA DA HERANÇA

7 – Nos casos previstos no número anterior, ao acordo aplica-se, com as necessárias adaptações, o disposto no artigo 66º.

1 – Composição de quinhões
a) Designando as **verbas** que devem compor, no todo ou em parte, o quinhão de cada um deles e os **valores** por que devem ser **adjudicados;**
b) Indicando as **verbas** ou **lotes** e respetivos **valores**, para que, no todo ou em parte, sejam **objeto de sorteio** pelos interessados;
c) Acordando na **venda** total ou parcial dos bens da herança e na **distribuição** do produto da alienação pelos diversos interessados.

2 – Aprovação do passivo, da forma de cumprimento dos legados e demais encargos da herança
Têm de pronunciar-se apenas os **herdeiros** (e não os respetivos cônjuges, mesmo que tenham comunhão nos bens que couberem ao cônjuge).
Também tem legitimidade para se pronunciar o **usufrutuário** da totalidade ou de quota da herança sem determinação de valor ou objeto – artigo 2072º-1, do Código Civil.
Os **legatários** são chamados a pronunciar-se, quando toda a herança for distribuída em legados, ou quando o testador os encarregou do pagamento do passivo – artigos 2276º e 2277º, do Código Civil e ainda, quando da aprovação das dívidas resulte redução dos legados.
Os **donatários** serão chamados a pronunciar-se sobre a aprovação do passivo, uma vez que dela pode resultar a redução das liberalidades.

3 – Questões cuja resolução possa influir na partilha
A deliberação, nestes casos, tomada por maioria de dois terços dos titulares do direito à herança, independentemente da proporção de cada quota, obriga os interessados que não compareceram à conferência, salvo se não tiverem sido notificados, devendo sê-lo.[57]

4 – Pedidos de adjudicação de bens
Artigo 34º:
1 – Se estiverem relacionados bens indivisíveis de que algum dos interessados seja comproprietário, excedendo a sua quota metade do respe-

---

[57] Ver exemplos de questões destas in " Partilhas Judiciais ", 3ª edição, vol. II, pág. 182, Lopes Cardoso.

tivo valor e fundando-se o seu direito em título que a exclua do inventário ou, não havendo herdeiros legitimários, em doação ou legado do autor da herança, o interessado em causa pode requerer que a parte relacionada lhe seja adjudicada.

2 – Pode igualmente qualquer interessado formular pedido de adjudicação relativamente a quaisquer bens fungíveis ou títulos de crédito, na proporção da sua quota, salvo se a divisão em espécie puder acarretar prejuízo considerável[58].

3 – Os pedidos de adjudicação a que se referem os números anteriores são deduzidos na conferência preparatória e encontram-se sujeitos aos limites estabelecidos para aquela forma de alienação.

II – Da conferência de interessados ao mapa da partilha e à decisão homologatória da partilha

De destacar, nesta segunda fase:	
i) Designação da data da conferência de interessados	(artº 49º do RJPI)
Adjudicação dos bens	(artigo 50º)
j) Licitação de bens	(artigo 56º)
l) Despacho determinativo da partilha	(artigo 57º)
Impugnação do despacho	(artigo 57º)
m) Mapa de partilha, Critérios,	(artigos 59º a 62º)
n) Reclamação do mapa de partilha	(artigo 63º)
Tornas, Sorteio dos lotes	(artigos 61º a 64º)
o) Decisão homologatória da partilha	(artigo 66º)

---

[58] É o caso de coisas indivisíveis, de partes sociais em que os estatutos clausularam limitações de transmissibilidade, ou de que seja titular o inventariante casado no regime da comunhão geral de bens com o inventariado, de benfeitorias, necessárias ou úteis, não destacáveis do prédio, da autoria do arrendatário, pertencendo o prédio ao cônjuge sobrevivo do inventariado, quando casados no regime da comunhão de adquiridos.

PARTE I. A PARTILHA DA HERANÇA

i) Conferência de interessados
Artigos 49º a 56º

A conferência de interessados destina-se à **adjudicação dos bens** e tem lugar nos 20 dias posteriores ao dia da conferência preparatória, devendo a sua data ser designada pelo notário, não havendo lugar a adiamento nos casos em que a respetiva data tenha sido fixada por acordo, salvo havendo justo impedimento[59]. (Artigo 49º)

Artigo 50º – Adjudicação dos bens, valor base e competência

1 – A adjudicação dos bens é efetuada mediante propostas em carta fechada, devendo o notário, pessoalmente, proceder à respetiva abertura, salvo nos casos em que aquela forma de alienação não seja admissível.

2 – O valor a propor não pode ser inferior a 85% do valor base dos bens.

3 – À adjudicação aplica-se, com as necessárias adaptações, o disposto no Código de Processo Civil quanto à venda executiva mediante propostas em carta fechada.

Artigo 51º – Negociação particular

Os bens não adjudicados mediante propostas em carta fechada são adjudicados por negociação particular, a realizar pelo notário, aplicando-se, com as necessárias adaptações, o disposto no Código de Processo Civil quanto à venda executiva por negociação particular.

Do apuramento da inoficiosidade

Artigo 52º – Avaliação de bens doados no caso de ser arguida inoficiosidade

1 – Se houver herdeiros legitimários e algum interessado declarar que pretende licitar sobre os bens doados pelo inventariado, a oposição

---

[59] No artigo 140º, nº 1, do Código de Processo Civil, considera-se "justo impedimento" o evento não imputável à parte nem aos seus representantes ou mandatários que obste à prática atempada do ato.

Aquele que invoque o justo impedimento deve oferecer logo a respetiva prova, decidindo o notário, depois de ouvidos os demais interessados, sobre a sua verificação, caso em que procede ao adiamento da conferência.

do donatário, seja ou não conferente, permite requerer a avaliação dos bens a que se refira a declaração.

2 – Feita a avaliação e concluídas as licitações nos outros bens, a declaração fica sem efeito se vier a apurar-se que o donatário não é obrigado a repor bens alguns.

3 – Quando se reconheça, porém, que a doação é inoficiosa, observa-se o seguinte:

a) Se a declaração recair sobre prédio suscetível de divisão, é admitida a licitação sobre a parte que o donatário tem de repor, a que não é admitido o donatário;

b) Se a declaração recair sobre coisa indivisível, abre-se licitação sobre ela entre os herdeiros legitimários, no caso de a redução exceder metade do seu valor, ficando o donatário obrigado a repor o excesso, caso a redução seja igual ou inferior a essa metade;

c) Fora dos casos previstos nas alíneas anteriores, o donatário pode escolher, entre os bens doados, os bens necessários para o preenchimento da sua quota na herança e dos encargos da doação, e deve repor os que excederem o seu quinhão, abrindo-se licitação sobre os bens repostos, se for ou já tiver sido requerida, não sendo o donatário admitido a licitar.

4 – A oposição do donatário é declarada no próprio ato da conferência, caso o mesmo nesta esteja presente.

5 – Não estando presente, o donatário é notificado, antes das licitações, para manifestar a sua oposição.

6 – A avaliação pode ser requerida até ao fim do prazo para exame do processo para a forma da partilha.

Artigo 53º – Avaliação de bens legados no caso de ser arguida inoficiosidade

1 – Se algum interessado declarar que pretende licitar sobre bens legados, pode o legatário opor-se nos termos dos nºs 4 e 5 do artigo anterior.

2 – Se o legatário se opuser, a licitação não tem lugar, mas os herdeiros podem requerer a avaliação dos bens legados quando a sua baixa avaliação lhes possa causar prejuízo.

3 – Na falta de oposição por parte do legatário, os bens entram na licitação, tendo o legatário direito ao valor respetivo.

PARTE I. A PARTILHA DA HERANÇA

4 – Ao prazo para requerer a avaliação é aplicável o disposto no nº 6 do artigo anterior.

Artigo 54º – Avaliação a requerimento do donatário ou legatário, sendo as liberalidades inoficiosas

1 – Quando do valor constante da relação de bens resulte que a doação ou o legado são inoficiosos, pode o donatário ou o legatário, independentemente das declarações a que se referem os artigos anteriores, requerer a avaliação dos bens doados ou legados, ou de quaisquer outros que ainda não tenham sido avaliados.

2 – Pode também o donatário ou legatário requerer a avaliação de outros bens da herança quando só em face da avaliação dos bens doados ou legados e das licitações se reconheça que a doação ou legado tem de ser reduzida por inoficiosidade.

3 – A avaliação a que se refere este artigo pode ser requerida até ao exame do processo para a forma da partilha.

Artigo 55º – Consequências da inoficiosidade do legado

1 – Se o legado for inoficioso, o legatário repõe, em substância, a parte que exceder, podendo sobre essa parte haver licitação, a que não é admitido o legatário.

2 – Sendo a coisa legada indivisível, observa-se o seguinte:

a) Quando a reposição deva ser feita em dinheiro, qualquer dos interessados pode requerer a avaliação da coisa legada;

b) Quando a reposição possa ser feita em substância, o legatário tem a faculdade de requerer licitação da coisa legada.

3 – É aplicável também ao legatário o disposto na alínea *c)* do nº 3 do artigo 52º.

j) Licitações

Todas as licitações previstas no âmbito do processo de inventário são efetuadas mediante propostas em carta fechada. (Artigo 56º)

l) Despacho sobre a forma da partilha

A determinação da forma da partilha não tem dificuldades nos casos em que inexistem doações ou testamentos.

HERANÇAS & PARTILHAS

Aplicam-se as regras relativas às relações patrimoniais entre os côn-juges e à sucessão legítima ou legitimária, com observância dos seguin-tes princípios fundamentais:

1 – A lei aplicável ao regime de bens é a que vigorar ao tempo em que foi celebrado o casamento:

a) Nos casamentos celebrados até 31 de maio de 1967, o regime de bens supletivo é o da comunhão geral (Código de Seabra, artigo 1098º);

b) Nos casamentos celebrados a partir de 1 de junho de 1967, o re-gime de bens supletivo é o da comunhão de adquiridos (Código Civil, 1717º).

2 – Consideram-se sempre contraídos sob o regime da separação de bens (Artigo 1720º):

a) O casamento celebrado sem precedência do processo preliminar de casamento;

b) O casamento celebrado por quem tenha completado sessenta anos de idade.

3 – A lei aplicável à sucessão é a que vigora à data da sua abertura (Artigo 12º).

Artigo 57º – Despacho sobre a forma da partilha

1 – Cumprido o disposto nos artigos anteriores, os advogados dos inte-ressados são ouvidos sobre a forma da partilha, nos termos aplicáveis do artigo 32º.

2 – No prazo de 10 dias após a audição prevista no número anterior, o notário profere despacho determinativo do modo como deve ser orga-nizada a partilha, devendo ser resolvidas todas as questões que ainda o não tenham sido e que seja necessário decidir para a organização do mapa da partilha, podendo o notário mandar proceder à produção da prova que julgue necessária.

3 – Para efeitos do disposto no número anterior, se se suscitarem questões que, atenta a sua natureza ou a complexidade da matéria de fac-to e de direito, não devam ser decididas no processo de inventário, serão os interessados remetidos, nessa parte, para os meios judiciais comuns.

4 – Do despacho determinativo da forma da partilha é admissível impugnação para o tribunal da 1ª instância competente, no prazo de 30 dias, a qual sobe imediatamente, nos próprios autos e com efeito sus-pensivo.

Artigo 58º – Preenchimento dos quinhões

1 – No preenchimento dos quinhões observam-se as seguintes regras:

a) Os bens licitados são adjudicados ao respetivo licitante, tal como os bens doados ou legados são adjudicados ao respetivo donatário ou legatário;

b) Aos não conferentes ou não licitantes são atribuídos bens da mesma espécie e natureza dos doados e licitados, exceto quando tal não seja possível, caso em que:

i) Os não conferentes ou não licitantes são inteirados em outros bens da herança, podendo exigir a composição em dinheiro;

ii) Procede-se à venda judicial dos bens necessários para obter as devidas quantias, sempre que estes forem de natureza diferente da dos bens doados ou licitados;

c) Os bens restantes, se os houver, são repartidos à sorte entre os interessados, por lotes iguais;

d) Os créditos que sejam litigiosos ou que não estejam suficientemente comprovados e os bens que não tenham valor são distribuídos proporcionalmente pelos interessados.

2 – O disposto na alínea *b)* do número anterior é aplicável em benefício dos co-herdeiros não legatários, quando alguns dos herdeiros tenham sido contemplados com legados.

m) Mapa da partilha
Artigos 59º a 62º

Proferido o despacho sobre a forma da partilha, o notário organiza, no prazo de 10 dias, o mapa da partilha, em harmonia com o mesmo despacho e com o disposto no artigo 58º (preenchimento de quinhões).

Para a **formação do mapa** observam-se as regras seguintes:

a) Apura-se, em primeiro lugar, a importância total do ativo, somando-se os valores de cada espécie de bens conforme as avaliações e licitações efetuadas e deduzindo-se as dívidas, legados e encargos que devam ser abatidos;

b) Em seguida, determina-se o montante da quota de cada interessado e a parte que lhe cabe em cada espécie de bens;

c) Por fim, faz-se o preenchimento de cada quota com referência aos números das verbas da descrição.

3 – Os lotes que devam ser sorteados são designados por letras e os valores são indicados somente por algarismos.

4 – Os números das verbas da descrição são indicados por algarismos e por extenso e, quando forem seguidos, referindo apenas os limites entre os quais fica compreendida a numeração.

5 – Se aos co-herdeiros couberem frações de verbas, é necessário mencionar a fração.

6 – Em cada lote deve sempre indicar-se a espécie de bens que o constituem.

A referência a **«cada interessado»,** na alínea *b*), compreende apenas a pessoa diretamente interessada na partilha.

Para os **legatários** e os **donatários** não é necessária aquela operação porque o direito deles é aferido em relação a quantidade determinada de certa espécie de bens.

Havendo lugar a redução do legado ou da doação, no mapa haverá de proceder-se a ela, mas isto não é determinar a quota do legatário ou do donatário.

A parte que cabe em cada espécie de bens será o que cabe ao interessado em direitos de crédito, títulos de crédito, dinheiro, moedas estrangeiras, objetos de ouro, prata e pedras preciosas e semelhantes, móveis e imóveis (artigo 25º, 1).

O preenchimento de cada quota faz-se de acordo com as regras do artigo 58º: «aos **licitantes, donatários e legatários,** adjudicam-se-lhes, respetivamente, os bens licitados, doados ou legados».

Os não conferentes ou não licitantes são inteirados em outros bens da herança, mas se estes forem de natureza diferente da dos bens doados ou licitados, podem exigir a sua composição em dinheiro, procedendo-se à venda judicial dos bens necessários para obter as devidas quantias.

Quanto à organização dos lotes e respetivo sorteio, nem sempre esta operação ocorrerá:

PARTE I. A PARTILHA DA HERANÇA

a) Nos casos da deliberação a que alude o artigo 48º, nº 1, alíneas *a*), *b*) e *c*); nestes casos, as verbas serão atribuídas de harmonia com o que tiver sido deliberado.

b) Se todos os bens da herança foram licitados. Neste caso, preencher-se-ão as quotas dos não licitantes com as tornas que ficarão obrigados a dar-lhes os que licitaram em mais bens do que cabiam nos seus quinhões hereditários, isto é, os preenchimentos dos não licitantes serão constituídos pelo dinheiro que representam as tornas. Mas é permitido a qualquer dos interessados a quem caibam tornas, requerer que as verbas em excesso, ou algumas, lhe sejam adjudicadas pelo valor resultante da licitação, até ao limite do seu quinhão (artigo 61º).

c) Se for só um o interessado na partilha[60];

d) Se todos os bens da herança foram distribuídos em legados ou constituíram objeto de doação. Neste caso, observar-se-á o disposto no artigo 60º.

e) Se a herança for constituída por uma só verba. Neste caso, atribui-se a cada um dos interessados uma quota-parte dessa verba.[61]

f) Se a herança consistir só em dinheiro e títulos de uma espécie. Neste caso, simplesmente, dividir-se-á a herança.

g) Se, sendo a herança constituída por bens da mesma natureza dos doados ou licitados, há apenas – além dos conferentes ou licitantes – um interessado não conferente ou não licitante. Neste caso, os bens remanescentes são-lhe adjudicados, sendo inútil o sorteio, que pressupõe a existência de mais de um lote e, assim, a concorrência de interessados.

n) Reclamações contra o mapa, artigo 63º

1 – Organizado o mapa, podem os interessados, no prazo de 10 dias a contar da sua notificação, requerer qualquer retificação ou reclamar contra qualquer irregularidade, nomeadamente contra a desigualdade dos lotes ou contra a falta de observância do despacho que determinou a partilha.

---

[60] Código Civil, Artigo 2103º (Interessado único)
Havendo um único interessado, o inventário a que haja de proceder-se nos termos do nº 2 do artigo anterior tem apenas por fim relacionar os bens e, eventualmente, servir de base à liquidação da herança.
[61] Por exemplo: em prédio adjudicado em comum a três filhos, que sentido faz sortear três lotes de uma terça parte do imóvel?

2 – As reclamações apresentadas são decididas no prazo de 10 dias, podendo os interessados ser convocados para uma conferência quando alguma reclamação tiver por fundamento a desigualdade dos lotes.

3 – As modificações impostas pela decisão das reclamações são efetuadas no mapa, organizando-se, se for necessário, novo mapa.

o) *Decisão homologatória da partilha*[62], artigo 66º

1 – A decisão homologatória da partilha constante do mapa e das operações de sorteio é proferida pelo juiz cível territorialmente competente.

2 – Quando a herança seja deferida a incapazes, menores ou a ausentes em parte incerta e sempre que seja necessário representar e defender os interesses da Fazenda Pública, o processo é enviado ao Ministério Público junto do juízo cível territorialmente competente, para que determine, em 10 dias a contar da respetiva receção, o que se lhe afigure necessário para a defesa dos interesses que legalmente lhe estão confiados[63].

3 – Da decisão homologatória da partilha cabe recurso de apelação, nos termos do Código de Processo Civil, para o Tribunal da Relação territorialmente competente, com efeito meramente devolutivo[64].

---

[62] É este o primeiro momento, por regra, em que o processo é tramitado judicialmente (poderá ter ocorrido necessidade de nomeação de cabeça de casal nas circunstâncias previstas no artigo 2083º do Código Civil, caso em que o juiz terá intervindo para designar cabeça de casal). Pela remessa do processo ao tribunal no âmbito do regime jurídico do processo de inventário é devida taxa de justiça (correspondente à prevista na Tabela II do Regulamento das Custas Processuais, aprovado pelo Decreto-Lei nº 34/2008, de 26 de Fevereiro, para os incidentes/ /procedimentos anómalos), podendo a final o juiz determinar, sempre que as questões revistam especial complexidade, o pagamento de um valor superior dentro dos limites estabelecidos naquela Tabela (artigo 83º, nº 1,RJPI). A distribuição do processo far-se-á na 7ª espécie, nos termos do artigo 212º do Código de Processo Civil.

[63] A intervenção do Ministério Público poderá ocorrer a todo o tempo, desde que esteja em causa a defesa de incapazes, menores ou a ausentes em parte incerta e sempre que seja necessário representar e defender os interesses da Fazenda Pública, razão porque intervirá, por exemplo, sendo caso de nomear curador a incapaz (artigo 17º, nº 5, do Código de Processo Civil).

[64] Se algum dos interessados quiser receber os bens que lhe tenham cabido em partilha, antes do trânsito em julgado da sentença homologatória, tratando-se de bens imóveis, no título que se passe para o registo e posse dos mesmos, declara-se que a decisão da partilha ainda não é definitiva, devendo o registo de transmissão mencionar essa provisoriedade; se se tratar de títulos de crédito sujeitos a averbamento, são os mesmos averbados pela entidade competente com a declaração de que o interessado não pode dispor deles enquanto a sentença homologatória não transitar em julgado; quaisquer outros bens só são entregues se o interessado prestar caução.

Parte II
Partilha em vida[65]

A partilha em vida é uma forma especial das doações entre vivos.

Na parte I, tratamos da partilha da herança, que é uma partilha *mortis causa*, à qual se procede após a morte do *de cuius*.

Mas a partilha de bens pode ter lugar em vida de uma pessoa:

- Pelo regime especial da PARTILHA EM VIDA, dos presumidos herdeiros legitimários;
- Nos casos de partilha em consequência de **separação, divórcio, declaração de nulidade** ou **anulação** de casamento (artigo 79º)
- E, bem assim, para **separação de bens** em consequência de penhora em bens comuns do casal (artigo 81º);
- Ou tendo de proceder-se a separação por virtude da **insolvência** de um dos cônjuges (artigo 81º).

Na partilha em vida, os donatários são presumidos herdeiros legitimários do doador.

---

[65] "A partilha em vida surge como um ato complexo, mas atomisticamente encarado, onde avultam uma pluralidade de doações em vida, cada qual modalmente onerada com um encargo particional, exequível por via de tornas" – C. PAMPLONA CORTE-REAL, in *A PARTILHA EM VIDA* – CADERNOS DE CIÊNCIA E TÉCNICA FISCAL, p.

Este autor, depois de ali desenvolver algumas questões relacionadas com a complexidade do instituto da partilha em vida, parece concluir que este é de utilidade muito circunscrita podendo, aliás, conseguir-se resultados similares por outras vias, tais como as *doações em vida*.

Enquanto nas doações em geral o donatário, por regra, pode ser qualquer pessoa, na partilha em vida só poderá ser cônjuge, descendente ou, na falta de descendente, o ascendente.

Aos descendentes e ascendentes equiparam-se os adotados e os adotantes.

Além disso, para ser válida, nela hão-de consentir[66] os outros presumidos herdeiros legitimários e deve haver pagamento ou a constituição da obrigação[67] de pagamento do valor das partes que proporcionalmente lhes tocariam nos bens doados.

O doador pode reservar a seu favor o usufruto dos bens doados, obrigando-se os donatários a pagar as tornas que se apurarem na partilha dos bens.

Assim, à morte dos doadores, quanto aos bens que foram partilhados em vida, se evitam possíveis conflitos de interesses entre herdeiros.

---

[66] A falta e os vícios da vontade no consentimento da partilha em vida – (240º sgs e 285º segs, do Código Civil).

[67] A falta de pagamento ou constituição de obrigação... (nulidade – 294º, do Código Civil).

Parte III
Doações

Capítulo I
Doações por morte

Há que distinguir a PARTILHA EM VIDA do regime geral das DOA-ÇÕES e do regime das DOAÇÕES POR MORTE.

Enquanto viva, uma pessoa pode dispor gratuitamente dos seus bens, quer mediante DOAÇÃO entre vivos, quer mediante PARTILHA EM VIDA, quer mediante DOAÇÕES *mortis causa,* quer mediante TESTAMENTO.

A partilha em vida é uma forma especial das **doações** *entre vivos.*

As **doações** *mortis causa,* por sua vez, são, em regra, proibidas.

Nos casos em que são permitidas, feitas em Convenção Antenupcial, diferentemente das doações entre vivos, destinam-se a produzir efeitos apenas após o falecimento do(s) doador(es)[68].

Casos em que são admissíveis:

a) A Convenção Antenupcial pode conter uma doação *mortis causa* em que, a favor de um ou de ambos os esposados, uma terceira pessoa o(s) institua seu(s) herdeiro(s) ou legatário(s) – artigos 1700º-1, a), 1754º e 1755º, do Código Civil.

b) Podem os esposados, na Convenção Antenupcial, por doação *mortis causa*, instituírem-se, reciprocamente ou apenas em favor de um deles, herdeiros e legatários entre si – artigos 1700º-1, *a*), 1754º e 1755º-2.

---

[68] Sobre caducidade dos pactos sucessórios, pelo predecesso do donatário face ao doador, ver artigos 1703º, nº 1 e 1705º, nº 4, do Código Civil.

HERANÇAS & PARTILHAS

Diferentes destas doações por morte são as doações entre casados, reguladas nos artigos 1761º e ss, que só podem revestir a forma de doações *inter vivos*.

c) Um ou ambos os esposados podem, na Convenção Antenupcial, instituir, através de doação *mortis causa*, seu herdeiro ou legatário, um terceiro, que seja pessoa certa e determinada e que intervenha como aceitante na convenção antenupcial – artigos 1700º e 1705º, do Código Civil.

A mesma pessoa pode fazer doações por morte, doações em vida, partilha em vida, um ou mais testamentos.

O importante é que, no tocante às **doações** e aos **testamentos**, havendo **herdeiros legitimários**[69] têm estes direito a que a legítima seja respeitada, ou seja, se as doações, ou os testamentos atingirem a porção de bens da herança que a lei reserva imperativamente aos herdeiros legitimários, estes podem exigir a redução por inoficiosidade daquelas **liberalidades**, até ao limite da **quota disponível**, ou seja, as liberalidades não podem ultrapassar a porção de bens da herança de que o *de cuius* poderia dispor livremente.

A redução de liberalidades por inoficiosidade opera a requerimento dos herdeiros legitimários ou dos seus sucessores, em tanto quanto for necessário para que a legítima seja preenchida – artigo 2169º, sendo de 2 anos o prazo para a respetiva ação (artigo 2178º, do Código Civil).

Sendo o donatário herdeiro do doador, a todo o tempo se pode pedir, no respetivo inventário, a redução da doação por inoficiosidade. O processo de inventário é meio idóneo para o efeito.

As liberalidades, por vontade do autor da sucessão, podem ser integradas na sua quota disponível ou na legítima. Neste último caso, porém, os legitimários poderão não aceitar a liberalidade – artigo 2163º.

As liberalidades feitas a terceiros não legitimários são sempre integráveis na quota disponível.

São de imputar na quota disponível: o valor das doações não sujeitas a colação; ou sujeitas a colação que excedam a legítima subjetiva do beneficiário e que não seja reduzida por inoficiosidade; o valor do lega-

---

[69] Cônjuge sobrevivo, descendentes – e ascendentes, na falta de descendentes. Aos descendentes e ascendentes equiparam-se os adotados e os adotantes.

PARTE III. DOAÇÕES

do em substituição a legítima que exceda a legítima subjetiva do legatário – artigos 2114º, 1 e 2 e 2165º, 4.

São de imputar na quota legítima: o valor das doações sujeitas e trazidas à colação; o valor da doação sujeita a colação em que o donatário, sem ter descendentes que o representem, repudia a herança (não trazendo, assim, a doação à colação); o valor do legado em substituição da legítima – artigos 2114º, 1 e 2 e 2165º, 4.

Só se reduzem as liberalidades das categorias seguintes após total excussão das liberalidades enquadradas nas categorias antecedentes.

A redução nas deixas testamentárias é feita proporcionalmente, dentro de cada espécie.

Na partilha em vida, os donatários são presumidos herdeiros legitimários do doador e, para ser válida, nela hão-de consentir os outros presumidos herdeiros legitimários e necessário se torna o pagamento ou a constituição da obrigação de pagamento do valor das partes que, em proporção nos bens doados, lhes tocariam.

Enquanto nas doações em geral o donatário, por regra, pode ser qualquer pessoa, na partilha em vida só poderá ser cônjuge, descendente ou, na falta de descendente, o ascendente.

Capítulo II
Doações (*inter vivos*)

As doações em geral, de que aqui se trata, vêm reguladas nos artigos 940º e seguintes do Código Civil.

A doação é um contrato, um negócio jurídico bilateral, que supõe uma proposta de doação e uma aceitação da mesma.

Assim, por exemplo, a renúncia a direitos e o repúdio de herança ou de legado não são doações.

Capacidade das partes (para fazer ou receber doações)

No que respeita à capacidade ativa não há especialidades relativamente ao regime geral, exceto a prevista no artigo 949º, que consagra o carácter pessoal da doação e dispõe no seu nº 2 que os representantes legais de incapazes não podem fazer doações em nome destes.

Quanto à capacidade passiva, artigos 950º a 952º, dir-se-á que as pessoas que não têm capacidade para contratar não podem aceitar doações com encargos senão por intermédio dos seus representantes legais. Porém, as doações puras feitas a tais pessoas produzem efeitos independentemente de aceitação em tudo o que aproveite aos donatários.

Também os nascituros, concebidos ou não, artigo 952º, podem adquirir por doação, sendo filhos (e não netos ou bisnetos) de pessoa determinada, viva ao tempo da declaração de vontade do doador.

Estas doações a nascituros são condicionais – condição resolutiva – pois a sua concretização depende do nascimento completo e com vida – artigo 66º

Não se verificando o nascimento, caducam, com efeitos retroativos.

Nestas doações a lei presume que o doador reserva para si o usufruto dos bens doados até ao nascimento do donatário.

Ilegitimidades contratuais – Artigos 956º e 2192º a 2198º

• Doação de bens alheios – artigo 956º – É nula, mas o doador não pode opor a nulidade ao donatário de boa fé.

• Doações feitas por interditos ou inabilitados a favor dos seus tutores, curadores ou administradores legais de bens ou produtores, ainda que estejam aprovadas as respetivas contais.

São nulas e não apenas anuláveis (como se prevê para a incapacidade de exercício).

• Doações feitas a médicos, enfermeiros e sacerdotes, se se verificar o condicionalismo previsto no artigo 2194º – São nulas.

• Doações a favor de pessoas com quem o doador casado cometeu adultério – artigo 2196º – São nulas.

• Doações a favor dos notários e outras entidades, nos casos referidos no artigo 2197º – São nulas.

A nulidade verifica-se mesmo que a doação seja feita por interposta pessoa – artigo 2198º.

Invalidade das doações

Embora a figura da confirmação do negócio jurídico esteja prevista, em geral, para a anulabilidade (artigo 288º) e não para a nulidade, as doações nulas podem ser confirmadas, nos termos do artigo 968º.

Só os herdeiros do doador poderão confirmar a doação nula. O vício não fica sanado em relação ao donatário, nem o tribunal fica inibido de conhecer oficiosamente da nulidade – artigo 286º, do Código Civil.

Doação de móveis – Artigo 947º-2 – A doação de coisas móveis, se não for acompanhada pela tradição da coisa, deve ser feita por escrito. Devem, porém, ser sempre feitas por escrito, sejam ou não acompanhadas de tradição, as doações de coisas móveis entre casados (artigo 1763º-1).

PARTE III. DOAÇÕES

Doação de imóveis – Artigo 947º-1 – A lei exige que a doação de imóveis se faça por escritura pública, ou por documento particular autenticado.

Quando a doação não observe o formalismo prescrito, é inválida e pode ser declarada nula por vício de forma.

Aspetos e especialidades do regime das doações

Doações com encargos (modais) – Artigos 963º a 968º – Através de uma cláusula modal o doador impõe ao donatário a obrigação de fazer determinada coisa.

O valor do encargo não pode ser superior ao dos bens doados. A doação pode ser feita com o encargo de pagamento de dívidas do doador. Mas, quanto às dívidas futuras o seu montante deve ser determinado no ato da doação (artigo 964º).

Se o donatário não cumprir o encargo, pode ser-lhe exigido, a si, ou aos seus herdeiros, pelos meios coercivos normais, o respetivo cumprimento.

Por outro lado, o direito de resolução da doação, para ser invocável, deverá estar estipulado no próprio contrato.

Tem de ser pedida e decretada pelo tribunal.

De assinalar que é diferente exigir-se o cumprimento, caso em que a doação subsiste, de pedir-se a resolução da mesma, caso em que se pretende desfazer o contrato.

Doações para casamento – Artigos 1753º a 1760º – As doações para casamento podem ser feitas por um dos esposados ao outro, pelos dois reciprocamente, ou por terceiro a um ou a ambos os esposados.

Devem ser feitas na convenção antenupcial (tal como as doações por morte). Estão também sujeitas a redução por inoficiosidade, nos termos gerais.

As doações para casamento têm algumas especialidades de regime, nomeadamente relativas à ineficácia (caducidade e revogabilidade), que decorrem da sua natureza acessória relativamente ao matrimónio.

Doações entre casados (artigos 1761º a 1766º). São doações dos cônjuges, entre si. Diferentemente das doações para casamento (em vista do casamento a realizar), estas doações têm lugar após a celebração e na constância do casamento.

Os cônjuges, em regra, não podem fazer doações recíprocas no mesmo ato – 1763º-2.

Só podem ser doados bens próprios do doador – 1764º-1.

Assim, por exemplo, a meação do doador nos bens comuns ou mesmo bens comuns determinados, não podem ser abrangidos por doação entre cônjuges.

Prevê também a lei – artigo 1764º-2 – a incomunicabilidade dos bens doados.

Os cônjuges, ao fazerem doações, entre si, dos seus bens próprios, qualquer que seja o regime matrimonial de bens, deixam de ter parte nesses bens, os quais, por efeito da doação, passam a pertencer exclusivamente ao cônjuge donatário.

Chama-se, todavia, a atenção para o caso de vigorar o **regime imperativo da separação de bens**. Neste caso, são nulas as doações que os cônjuges façam entre si.

Mas nada obsta a que façam doações entre si, antes do casamento – artigo 1720º-2.

Doação de bens comuns feita por ambos os cônjuges – Artigo 2117º – Neste caso, conferir-se-á metade por morte de cada um deles. O valor de cada uma das metades é o que tiver, não ao tempo da doação, mas ao tempo da abertura da sucessão. Assim, haverá duas colações e duas partilhas distintas, mesmo que os dois cônjuges faleçam simultaneamente.

Doação feita a cônjuges – Artigo 2107º "Não estão sujeitos a colação os bens ou valores doados ao cônjuge do presuntivo herdeiro legitimário. Se a doação tiver sido feita a ambos os cônjuges, fica sujeita a colação apenas a parte do que for presuntivo herdeiro." "A doação não se considera feita a ambos os cônjuges só porque entre eles vigora o regime de comunhão geral."

A doação considerar-se-á feita a ambos os cônjuges se ambos forem sujeitos passivos da mesma e, nessa qualidade, ambos a aceitem.

Doações remuneratórias – Artigo 941º – É considerada doação a liberalidade remuneratória de serviços recebidos pelo doador, que não tenham a natureza de dívida exigível.

Doação com reserva – Artigos 958º e 959º. O doador pode reservar o usufruto dos bens doados, para si ou para terceiro. Pode também reservar o direito de dispor deles por morte ou por ato entre vivos.

Doação com cláusula de reversão – Artigos 960º e 961º Através de cláusula de reversão o doador estipula que o direito de propriedade da coisa regresse à sua esfera jurídica:
– Se sobreviver ao donatário;
– Se sobreviver ao donatário e a todos os descendentes deste;
Se nada se estipular em contrário, entende-se que a reversão só se verifica neste último caso.
Sobre a necessidade de registo, ver artigo 960º-3; sobre efeitos da reversão, ver artigo 961º.

Doação com substituição fideicomissária – Artigo 962º
A doação com substituição fideicomissária é uma doação com o encargo de o beneficiário conservar os bens doados para que estes revertam, por sua morte, a favor de terceiro.
A aceitação da doação por parte do donatário-fideicomissário está sujeita à regra do artigo 2294º, que se afasta do princípio geral de que as doações têm que ser aceites em vida do doador – artigo 945º-1.

Capítulo III
Redução das doações por inoficiosidade

As liberalidades do autor da sucessão, entre vivos (doações[70]) ou por morte (doações *mortis causa*, testamentos), não podem ir além da quota disponível. Assim é quando existem herdeiros legitimários, prescrevendo a lei, imperativamente, a intangibilidade da legítima.

Se os atos de disposição gratuita dos seus bens, por parte do autor da sucessão, ofenderem a legítima, estar-se-á perante uma liberalidade inoficiosa, suscetível, como tal, de ser reduzida aos limites legais.

As liberalidades, por vontade do autor da sucessão, podem ser integradas na sua quota disponível ou na legítima. Neste último caso, porém, os legitimários poderão não aceitar a liberalidade – artigo 2163º.

As liberalidades feitas a terceiros não legitimários são sempre integráveis na quota disponível.

---

[70] Doações com ou sem dispensa de colação

Só as doações entre vivos e as despesas gratuitas estão sujeitas a colação.

As regras da colação, previstas nos artigos 2104º a 2118º, determinam que, para haver colação, necessário se torna:

1º – Que o autor da sucessão tenha doado em vida ou efetuado despesas gratuitas, a favor de descendente(s) que, à data da liberalidade fosse(m) presuntivo(s) herdeiro(s) legitimário(s) do doador

2º – Que este não tenha dispensado da colação

3º – Que concorram à herança e a aceitem, um ou vários descendentes beneficiados em vida.

Para mais desenvolvimentos ver Capelo de Sousa, *Lições de Direito das Sucessões*, II, 1986, págs 306 e ss..

São de imputar na quota disponível: o valor das doações não sujeitas a colação; ou sujeitas a colação que excedam a legítima subjetiva do beneficiário e que não seja reduzida por inoficiosidade; o valor do legado em substituição a legítima que exceda a legítima subjetiva do legatário – artigos 2114º, 1 e 2 e 2165º, 4.

São de imputar na quota legítima: o valor das doações sujeitas e trazidas à colação; o valor da doação sujeita a colação em que o donatário, sem ter descendentes que o representem, repudia a herança (não trazendo, assim, a doação à colação); o valor do legado em substituição da legítima – artigos 2114º, 1 e 2 e 2165º, 4.

Podem ser doações entre vivos, despesas gratuitas, previstas no artigo 2174º, 3 e doações *mortis causa* (pactuadas em vida para produzirem os seus efeitos por morte, artigo 1759º).

A redução é feita de acordo com a antiguidade, começando-se a redução pela última das liberalidades e passando-se à seguinte se aquela for insuficiente.

Também haverá lugar a uma redução proporcional, em princípio (as doações remuneratórias só são redutíveis após excussão das liberalidades não remuneratórias), das liberalidades feitas no mesmo ato ou na mesma data.

Ordem de redução – artigos 2171º a 2173º

– Começa-se pelas disposições testamentárias a título de herança (salvo se o testador determinar diferente prioridade, artigo 2172º, 2 e 3).

Sendo estas insuficientes,

– Reduzem-se os legados testamentários.

Se necessário, reduzem-se as liberalidades feitas em vida.

Exemplo:

Sendo a quota disponível de 900 euros; existindo um legado a A, no valor de 500 euros e outro legado a B, no valor de 700 euros; há que reduzir 300 euros, por inoficiosidade, diminuindo-se a A, 125 euros e a B, 175 euros.

Ou seja, fazendo uma redução proporcional, teremos:

1200 ---------------- 300 e 1200-------------------- 300
500-------------------A   700--------------------- B

$$A = \frac{150000}{1200} = 125 \qquad\qquad B = \frac{210000}{1200} = 175$$

Reposição em espécie, ou em dinheiro – artigo 2174º.

A redução ou eliminação de liberalidades consistentes em despesas gratuitas é feita sempre em dinheiro.

Nos casos de reposição em dinheiro, a insolvência dos que, segundo a ordem estabelecida, devem suportar o encargo da redução, não determina a responsabilidade dos outros, artigo 2176º. Os herdeiros legitimários suportarão a insolvabilidade, ficando, porém, credores.

Quanto às liberalidades consistentes em doação entre vivos, doação *mortis causa*, deixa testamentária, se forem totalmente elimináveis, ficam sem efeito e, quanto ao donatário entre vivos, deverá entregar a coisa doada.

Se os bens doados tiverem perecido ou sido alienados ou onerados, a entrega é substituída por dinheiro.

Se forem redutíveis só em parte, há que distinguir:

– Deixas testamentárias ou contratuais, a título de herança.

Os montantes correspondentes às quotas dos herdeiros serão reduzidos na partilha.

– Doações entre vivos e deixas, testamentárias ou contratuais, a título de legados:

• Se os respetivos bens forem divisíveis, separar-se-á a parte necessária para preenchimento da legítima;

• Se os respetivos bens forem indivisíveis:

1 – A redução excede ½ do valor dos bens

Neste caso, os bens pertencem integralmente ao herdeiro legitimário, cabendo ao legatário ou donatário o resto em dinheiro.

2 – A redução não excede ou é inferior a ½ do valor dos bens

Nesta hipótese, os bens pertencem integralmente ao legatário ou donatário, que deverá pagar em dinheiro, ao herdeiro legitimário, a importância da redução.

Capítulo IV
Revogação das doações

A revogação de um contrato faz cessar os seus efeitos por vontade unilateral de um dos contraentes.

Enquanto a doação não for aceite, o doador pode livremente revogar a sua declaração negocial, desde que observe as formalidades desta, artigo 969º.

As doações são revogáveis por ingratidão do donatário – artigo 970º.

A ingratidão do donatário ocorre quando este pratica certos atos ilícitos contra o doador ou familiares próximos.

A lei, quanto às causas da ingratidão, tipificadas, remete para o direito sucessório[71].

As doações para casamento, as doações remuneratórias e quaisquer outras em que o doador haja perdoado ao donatário, não são, porém, revogáveis por ingratidão, artigo 975º.

As doações entre casados são livremente revogáveis pelo doador, artigo 1765º, 1.

O doador, para revogar a doação, não tem de dar qualquer justificação. A revogação deve ser feita por documento escrito ou por escritura pública/documento autenticado, consoante se trate, respetivamente, de bens móveis ou de imóveis.

---

[71] Ver: indignidade e deserdação – artigos 2034º e 2166º.

Esta faculdade não se transmite para os herdeiros, nem para os credores.

Podem, porém, ser reduzidas por inoficiosidade.

Ação de revogação – Artigo 976º, do Código Civil

A revogação por ingratidão tem de ser obtida por via judicial.

Tem legitimidade para propor a ação o próprio doador.

Não é facultado aos herdeiros deste intentarem a ação revogatória, embora, falecido o doador e estando ação pendente, possam os herdeiros habilitar-se e suceder-lhe na respetiva posição processual ativa.

Todavia, se o donatário tiver cometido contra o doador o crime de homicídio, ou por qualquer causa o tiver impedido de revogar a doação, a ação pode ser proposta pelos herdeiros do doador, dentro de um ano a contar da morte deste, artigo 976º.

Parte IV
Testamentos

Diz-se testamento o ato unilateral e revogável pelo qual uma pessoa dispõe, para depois da morte, de todos os seus bens ou de parte deles – artigo 2179º, nº 1, do Código Civil.

É no entanto permitido incluir nos testamentos disposições de carácter não patrimonial, como, por exemplo, a confissão, a perfilhação, a designação de tutor e a reabilitação de sucessor indigno – artigos 2179º nº 2, 358º nº 4, 1853º *b*), 1928º nº 3, 2038º nº 1, todos do Código Civil.

Outros exemplos serão – disposições sobre o corpo[72] (entrega à ciência, proibição de colheita de órgãos, desejo de cremação ou de sepultura, disposições acerca de sufrágios e funeral, autorização para contrair casamento, destino de memórias escritas, direitos de autor, publicações).

E não deixa de ser válido se apenas contiver disposições de carácter não patrimonial.

---

[72] O testamento vital – Lei nº 25/2012, publicada a 17 de Julho – permite que determinado paciente deixe expresso se quer ser submetido a qualquer tipo de terapêuticas que lhe prolongue a vida de forma artificial. A declaração é feita no notário e pode ser alterada a qualquer altura, mas tem de ser renovada, já que caduca no período de cinco anos.
O testamento vital pode ainda ser formalizado através de documento escrito, assinado presencialmente perante funcionário devidamente habilitado do Registo Nacional do Testamento Vital (RENTEV).

O testamento é:

– **Um ato pessoal**, não pode ser feito por meio de representante ou ficar dependente do arbítrio de outrem – artigo 2182º do Código Civil.

São incapazes de testar os menores não emancipados e os interditos por anomalia psíquica – artigo 2189º do Código Civil.

– **Um ato singular**, sendo proibidos os testamentos de "mão comum", ou seja, não podem testar no mesmo ato duas ou mais pessoas, artigo 2180º do Código Civil.

– **Um ato livremente revogável**, não podendo o testador renunciar à faculdade de o revogar, no todo ou em parte – artigos 2179º, nº 1 e 2311º do Código Civil.

Considera-se não escrita qualquer cláusula que contrarie tal faculdade – artigo 2311º, nº 2.

No entanto, se o testamento contiver o ato de perfilhação, a revogação não afeta a perfilhação que se mantém válida, artigo 1858º do Código Civil.

A revogação pode ser **expressa, tácita, total, parcial** e **real** – artigos 2312º, 2313º, 2315º e 2316º.

De referir que a superveniência de sucessores legitimários e contratuais faz extinguir ou comprimir a designação testamentária colidente.

Revogação **expressa** – Faz-se por declaração do testador, noutro testamento, ou em escritura pública, de que revoga testamento ou disposições testamentárias anteriores.

Revogação **tácita** – É uma consequência de haver um testamento posterior a outro e de neles haver disposições incompatíveis, caso em que as disposições posteriores revogam as anteriormente feitas.

Revogação **real** – É quando o testamento cerrado é inutilizado, por exemplo, dilacerado ou feito em pedaços. Outra forma é a alienação ou transformação da coisa legada prevista no artigo 2316º.

A lei admite, em termos muito amplos, a caducidade das disposições testamentárias – artigo 2317º, nº 1, que é meramente exemplificativo.

Há situações em que o testamento em benefício de certas pessoas **não é válido.**

Assim, são **nulas** as disposições testamentárias feitas:

a) Por interdito ou inabilitado a favor do seu tutor, curador ou administrador legal de bens;

b) A favor do médico ou enfermeiro que tratar o testador, ou do sacerdote que lhe prestar assistência espiritual, se o testamento for feito durante a doença e o seu autor vier a falecer dela, a não ser que estas pessoas sejam descendentes, ascendentes, colaterais até ao terceiro grau ou cônjuge do testador ou que as disposições feitas contemplem legados remuneratórios de serviços recebidos pelo doente;

c) A favor da pessoa com quem o testador casado cometeu adultério, exceto se, à data da abertura da sucessão, o casamento já estava dissolvido, ou os cônjuges estavam separados judicialmente de pessoas e bens ou separados de facto há mais de seis anos, à data da abertura da sucessão; ou se a disposição se limitar a assegurar alimentos ao beneficiário.

d) A favor das pessoas que intervieram na outorga do testamento ou na sua aprovação.

O testamento será **nulo** ainda, nos seguintes casos:

a) Que estabeleça condições/obrigações do género: celebre ou deixe de celebrar casamento, resida ou não resida em certo local, conviva com certa pessoa, faça no seu testamento alguma disposição a favor do testador ou de outrem.

b) Em que a disposição testamentária dependa de instruções ou recomendações dadas a outrem secretamente ou reporte-se a documentos não autênticos. É proibido o testamento *"per relationem"*.

c) A disposição pela qual o testador legue a alguém os valores que mandou relacionar em documento particular. Mas já será válida a disposição que disponha dos bens identificados em determinada escritura ou em documento por ele escrito e assinado com data anterior à data do testamento ou à data deste.

d) A disposição testamentária do seguinte teor: "Instituo como herdeira a pessoa que indiquei ao meu testamenteiro".

A declaração do testador deve ser inequívoca, espontânea e esclarecida.

Formas de Testamento[73]

A lei distingue entre formas comuns e formas especiais do testamento – artigos 2204º, 962º e ss e 2210º e segs, do Código Civil.

O testamento público e o testamento cerrado constituem as formas comuns do testamento.

As formas especiais são excecionais (testamento de militares e pessoas equiparadas, artigos 2210º e segs; testamento feito a bordo de navio, artigos 2214º e segs; testamento feito a bordo de aeronave, artigo 2219º; testamento feito em caso de calamidade pública, artigo 2220º, do Código Civil).

O testamento, numa das formas especiais, caduca passados dois anos sobre o momento em que cessaram as circunstâncias que o justificaram, se não se verificou a morte do seu autor, artigo 2222º, do Código Civil.

O testamento **público**:
– É escrito pelo notário no seu livro de notas – cfr. art. 2205º do Código Civil.

O testamento **cerrado**:
– É manuscrito e assinado pelo testador, ou manuscrito por outra pessoa a rogo do testador e por este assinado – cfr. artigos 2206º do Código Civil e 106º nº 1 do Código do Notariado, conjugados[74].

O testador que não queira revelar ao notário o conteúdo das suas disposições, pode optar pela forma do testamento cerrado.

---

[73] O notário guarda os testamentos públicos, internacionais e os testamentos fechados que o testador lhe confiou.

Para que uma disposição testamentária seja válida torna-se imprescindível a intervenção do notário, a quem compete exarar o testamento público no livro de notas, ou aprovar o testamento cerrado nos termos das leis do notariado.

Exceções a este princípio: testamento de militares e de pessoas equiparadas, testamento feito a bordo de navio ou de aeronave e testamento feito em caso de calamidade pública.

O testamento verbal ou nuncupativo e o escrito pelo testador, sem a aprovação do notário, não são válidos.

[74] "O testamento cerrado deve ser aprovado por notário, nos termos da lei do notariado." Artº 2206º nº 4 do Código Civil. O testador pode, se o entender, depositar o testamento cerrado no Cartório Notarial. O testamento depositado pode ser retirado pelo testador ou por procurador com poderes especiais.

O depósito do testamento cerrado não é obrigatório, mas o risco do seu desaparecimento ou sonegação podem aconselhar o depósito.

PARTE IV. TESTAMENTOS

A existência do testamento e o seu conteúdo permanecerão secretos durante toda a vida do testador.

Nem as pessoas mais próximas do testador, em vida deste, podem consultar o registo na Conservatória dos Registos Centrais.

Intervenção de testemunhas instrumentárias:

A lei impõe que no testamento intervenham duas testemunhas – artigo 67º nº 1, alínea *a*) e nº 3 do Código do Notariado.

O notário pode dispensar a intervenção das testemunhas, em caso de urgência e dificuldade de as conseguir, fazendo disso menção no testamento – artigo 67º, nº 2 do Código do Notariado.

Podem ainda intervir peritos médicos para abonarem a sanidade mental do testador, a pedido deste ou do notário – artigo 67º nº 4 do Código do Notariado.

Documentos necessários

O artigo 61º do Código do Notariado estabelece a não aplicabilidade do disposto nos seus artigos 54º a 58º, bem como do prescrito nos nºs 1 e 2 do artigo 59º, pelo que, no que toca à matéria atinente às menções relativas ao registo predial, à matriz, à harmonização do título com aqueles e à constituição da propriedade horizontal, nenhuma prova documental é obrigatória.

São, no entanto, sempre necessários os documentos de identificação do testador e das duas testemunhas, que podem ser em alternativa:
- O bilhete de identidade, cartão de cidadão, ou documento equivalente, se tiver sido emitido pela autoridade competente de um dos países da União Europeia;
- A carta de condução, se tiver sido emitida pela autoridade competente de um dos países da União Europeia;
- O passaporte.

O original do testamento ficará arquivado no Cartório Notarial, em que foi celebrado, e do mesmo será lavrado um registo na Conservatória dos Registos Centrais. Ao testador é entregue uma certidão do testamento.

Lei nº 23/2013, de 5 de março

Aprova o regime jurídico do processo de inventário, altera o Código Civil, o Código do Registo Predial, o Código do Registo Civil e o Código de Processo Civil

A Assembleia da República decreta, nos termos da alínea *c*) do artigo 161º da Constituição, o seguinte:

Artigo 1º – Objeto

A presente lei aprova o regime jurídico do processo de inventário, altera o Código Civil, aprovado pelo Decreto-Lei nº 47 344, de 25 de novembro de 1966, e alterado pelos Decretos-Leis nºs 67/75, de 19 de fevereiro, 201/75, de 15 de abril, 261/75, de 27 de maio, 561/76, de 17 de julho, 605/76, de 24 de julho, 293/77, de 20 de julho, 496/77, de 25 de novembro, 200-C/80, de 24 de junho, 236/80, de 18 de julho, 328/81, de 4 de dezembro, 262/83, de 16 de junho, 225/84, de 6 de julho, e 190/85, de 24 de junho, pela Lei nº 46/85, de 20 de setembro, pelos Decretos-Leis nºs 381-B/85, de 28 de setembro, e 379/86, de 11 de novembro, pela Lei nº 24/89, de 1 de agosto, pelos Decretos-Leis nºs 321-B/90, de 15 de outubro, 257/91, de 18 de julho, 423/91, de 30 de outubro, 185/93, de 22 de maio, 227/94, de 8 de setembro, 267/94, de 25 de outubro, e 163/95, de 13 de julho, pela Lei nº 84/95, de 31 de agosto, pelos Decretos-Leis nºs 329-A/95, de 12 de dezembro, 14/96, de 6 de março, 68/96, de 31 de maio, 35/97, de 31 de janeiro, e 120/98, de 8 de maio, pelas Leis nºs 21/98, de 12 de maio, e 47/98, de 10 de agosto, pelo

Decreto-Lei nº 343/98, de 6 de novembro, pelas Leis nºs 59/99, de 30 de junho, e 16/2001, de 22 de junho, pelos Decretos-Leis nºs 272/2001, de 13 de outubro, 273/2001, de 13 de outubro, 323/2001, de 17 de dezembro, e 38/2003, de 8 de março, pela Lei nº 31/2003, de 22 de agosto, pelos Decretos-Leis nºs 199/2003, de 10 de setembro, e 59/2004, de 19 de março, pela Lei nº 6/2006, de 27 de fevereiro, pelo Decreto-Lei nº 263-A/2007, de 23 de julho, pela Lei nº 40/2007, de 24 de agosto, pelos Decretos-Leis nºs 324/2007, de 28 de setembro, e 116/2008, de 4 de julho, pelas Leis nºs 61/2008, de 31 de outubro, e 14/2009, de 1 de abril, pelo Decreto-Lei nº 100/2009, de 11 de maio, e pelas Leis nºs 29/2009, de 29 de junho, 103/2009, de 11 de setembro, 9/2010, de 31 de maio, 23/2010, de 30 de agosto, 24/2012, de 9 de julho, 31/2012 e 32/2012, de 14 de agosto, o Código do Registo Predial, aprovado pelo Decreto-Lei nº 224/84, de 6 de julho, e alterado pelos Decretos-Leis nºs 355/85, de 2 de setembro, 60/90, de 14 de fevereiro, 80/92, de 7 de maio, 30/93, de 12 de fevereiro, 255/93, de 15 de julho, 227/94, de 8 de setembro, 267/94, de 25 de outubro, 67/96, de 31 de maio, 375-A/99, de 20 de setembro, 533/99, de 11 de dezembro, 273/2001, de 13 de outubro, 323/2001, de 17 de dezembro, 38/2003, de 8 de março, e 194/2003, de 23 de agosto, pela Lei nº 6/2006, de 27 de fevereiro, pelos Decretos-Leis nºs 263-A/2007, de 23 de julho, 34/2008, de 26 de fevereiro, 116/2008, de 4 de julho, e 122/2009, de 21 de maio, pela Lei nº 29/2009, de 29 de junho, e pelos Decretos-Leis nºs 185/2009, de 12 de agosto, e 209/2012, de 19 de setembro, o Código do Registo Civil, aprovado pelo Decreto-Lei nº 131/95, de 6 de junho, com as alterações introduzidas pelos Decretos-Leis nºs 36/97, de 31 de janeiro, 120/98, de 8 de maio, 375-A/99, de 20 de setembro, 228/2001, de 20 de agosto, 273/2001, de 13 de outubro, 323/2001, de 17 de dezembro, 113/2002, de 20 de abril, 194/2003, de 23 de agosto, e 53/2004, de 18 de março, pela Lei nº 29/2007, de 2 de agosto, pelo Decreto-Lei nº 324/2007, de 28 de setembro, pela Lei nº 61/2008, de 31 de outubro, pelos Decretos-Leis nºs 247-B/2008, de 30 de dezembro, e 100/2009, de 11 de maio, pelas Leis nºs 29/2009, de 29 de junho, 103/2009, de 11 de setembro, e 7/2011, de 15 de março, e pelo Decreto-Lei nº 209/2012, de 19 de setembro, e o Código de Processo Civil, aprovado pelo Decreto-Lei nº 44 129, de 28 de dezembro de 1961, e alterado pelo Decreto-Lei nº 47 690, de 11 de maio de 1967, pela Lei nº 2140, de

14 de março de 1969, pelo Decreto-Lei nº 323/70, de 11 de julho, pelas Portarias nºs 642/73, de 27 de setembro, e 439/74, de 10 de julho, pelos Decretos-Leis nºs 261/75, de 27 de maio, 165/76, de 1 de março, 201/76, de 19 de março, 366/76, de 15 de maio, 605/76, de 24 de julho, 738/76, de 16 de outubro, 368/77, de 3 de setembro, e 533/77, de 30 de dezembro, pela Lei nº 21/78, de 3 de maio, pelos Decretos-Leis nºs 513-X/79, de 27 de dezembro, 207/80, de 1 de julho, 457/80, de 10 de outubro, 224/82, de 8 de junho, e 400/82, de 23 de setembro, pela Lei nº 3/83, de 26 de fevereiro, pelos Decretos-Leis nºs 128/83, de 12 de março, 242/85, de 9 de julho, 381-A/85, de 28 de setembro, e 177/86, de 2 de julho, pela Lei nº 31/86, de 29 de agosto, pelos Decretos-Leis nºs 92/88, de 17 de março, 321-B/90, de 15 de outubro, 211/91, de 14 de junho, 132/93, de 23 de abril, 227/94, de 8 de setembro, 39/95, de 15 de fevereiro, e 329-A/95, de 12 de dezembro, pela Lei nº 6/96, de 29 de fevereiro, pelos Decretos-Leis nºs 180/96, de 25 de setembro, 125/98, de 12 de maio, 269/98, de 1 de setembro, e 315/98, de 20 de outubro, pela Lei nº 3/99, de 13 de janeiro, pelos Decretos-Leis nºs 375-A/99, de 20 de setembro, e 183/2000, de 10 de agosto, pela Lei nº 30-D/2000, de 20 de dezembro, pelos Decretos-Leis nºs 272/2001, de 13 de outubro, e 323/2001, de 17 de dezembro, pela Lei nº 13/2002, de 19 de fevereiro, pelos Decretos-Leis nºs 38/2003, de 8 de março, 199/2003, de 10 de setembro, 324/2003, de 27 de dezembro, e 53/2004, de 18 de março, pela Lei nº 6/2006, de 27 de fevereiro, pelo Decreto-Lei nº 76-A/2006, de 29 de março, pelas Leis nºs 14/2006, de 26 de abril, e 53-A/2006, de 29 de dezembro, pelos Decretos-Leis nºs 8/2007, de 17 de janeiro, 303/2007, de 24 de agosto, 34/2008, de 26 de fevereiro, e 116/2008, de 4 de julho, pelas Leis nºs 52/2008, de 28 de agosto, e 61/2008, de 31 de outubro, pelo Decreto-Lei nº 226/2008, de 20 de novembro, pela Lei nº 29/2009, de 29 de junho, pelos Decretos-Leis nºs 35/2010, de 15 de abril, e 52/2011, de 13 de abril, e pelas Leis nºs 63/2011, de 14 de dezembro, 31/2012, de 14 de agosto, e 60/2012, de 9 de novembro.

Artigo 2º – Aprovação do regime jurídico do processo de inventário

É aprovado, em anexo à presente lei, o regime jurídico do processo de inventário, que dela faz parte integrante.

HERANÇAS & PARTILHAS

Artigo 3º – Alteração ao Código Civil

Os artigos 1770º, 2053º, 2083º, 2084º, 2085º, 2086º e 2102º do Código Civil, aprovado pelo Decreto-Lei nº 47 344, de 25 de novembro de 1966, passam a ter a seguinte redação:

«Artigo 1770º

[...]

1 – Após o trânsito em julgado da sentença que decretar a separação judicial de bens, o regime matrimonial, sem prejuízo do disposto em matéria de registo, passa a ser o da separação, procedendo-se à partilha do património comum como se o casamento tivesse sido dissolvido.

2 – Havendo acordo dos interessados, a partilha prevista no número anterior pode logo ser feita nos cartórios notariais, e, em qualquer outro caso, por meio de inventário, nos termos previstos em lei especial.

Artigo 2053º

[...]

A aceitação a benefício de inventário faz -se requerendo inventário, nos termos previstos em lei especial, ou intervindo em inventário pendente.

Artigo 2083º

[...]

Se todas as pessoas referidas nos artigos anteriores se escusarem ou forem removidas, é o cabeça-de-casal designado pelo tribunal, oficiosamente ou a requerimento de qualquer interessado.

Artigo 2084º

[...]

Por acordo de todos os interessados pode entregar-se a administração da herança e o exercício das funções de cabeça-de-casal a qualquer outra pessoa.

Artigo 2085º

[...]

1 –..

a)..

b) ....

c) (Revogada.)

d) ....

2 – ....

Artigo 2086º
[...]

1 – ....

a) ....

b) ....

c) Se não cumpriu no inventário os deveres que a lei lhe impuser;

d) ....

2 – Tem legitimidade para pedir a remoção qualquer interessado.

Artigo 2102º
[...]

1 – Havendo acordo dos interessados, a partilha é realizada nas conservatórias ou por via notarial, e, em qualquer outro caso, por meio de inventário, nos termos previstos em lei especial.

2 – Procede-se à partilha por inventário:

a) Quando não houver acordo de todos os interessados na partilha;

b) Quando o Ministério Público entenda que o interesse do incapaz a quem a herança é deferida implica aceitação beneficiária;

c) Nos casos em que algum dos herdeiros não possa, por motivo de ausência em parte incerta ou de incapacidade de facto permanente, intervir em partilha realizada por acordo.»

Artigo 4º – Alteração ao Código do Registo Predial

Os artigos 39º e 92º do Código do Registo Predial, aprovado pelo Decreto-Lei nº 224/84, de 6 de julho, passam a ter a seguinte redação:

«Artigo 39º

1 – ....

2 – ....

3 – ....

4 – ....

HERANÇAS & PARTILHAS

5 – Compete ao respetivo representante legal ou ao Ministério Público requerer o registo quando, em processo de inventário, for adjudicado a incapaz ou ausente em parte incerta qualquer direito sobre imóveis.

Artigo 92º

[...]

1 – São pedidas como provisórias por natureza as seguintes inscrições:

a) ....

b) ....

c) ....

d) ....

e) ....

f) ....

g) ....

h) ....

i) ....

j) De aquisição por partilha em inventário, antes de a respetiva decisão homologatória se tornar definitiva;

l) ....

m) ....

n) ....

o) ....

2 – ....

3 – ....

4 – ....

5 – ....

6 – ....

7 – ....

8 – ....

9 – ....

10 – ....

11 – .... »

Artigo 5º – Alteração ao Código do Registo Civil

Os artigos 202º-A, 202º-B e 210º do Código do Registo Civil, aprovado pelo Decreto-Lei nº 131/95, de 6 de junho, passam a ter a seguinte redação:

«Artigo 202º-A
[...]

1 – ....

2 – Nos casos em que tenha sido instaurado processo de inventário por óbito do registado, é feita menção do facto no assento respetivo, por meio de cota de referência que identifique o cartório notarial onde o processo foi instaurado e o seu número.

Artigo 202º-B – Comunicações a efetuar pelos tribunais e notários

1 – ....

2 – Para os efeitos do disposto no nº 2 do artigo anterior, o notário comunica a qualquer conservatória do registo civil, preferencialmente por via eletrónica, a instauração do processo de inventário.

Artigo 210º
[...]

1 – O conservador do registo civil deve enviar ao Ministério Público junto do tribunal competente para a providência tutelar ou para as finalidades previstas no regime jurídico do processo de inventário:

a) ....

b) Assentos de óbito lavrados no mês anterior referentes a indivíduos cuja herança seja deferida a incapazes ou ausentes em parte incerta ou ao Estado.

2 – A informação prevista no número anterior pode ser facultada por disponibilização do acesso à base de dados do registo civil.

3 – Para os efeitos do disposto no nº 1, o conservador deve ouvir o declarante do óbito, através de auto lavrado imediatamente após a prestação da respetiva declaração.

4 – O conservador deve comunicar, por via eletrónica, ao Instituto das Tecnologias de Informação na Justiça, I. P.:

a) O teor dos autos relativos aos óbitos lavrados no mês anterior;

b) Os números de documentos de identificação ulteriormente conhecidos;

c) Qualquer completamento ou retificação de assento de óbito que respeite ao nome do falecido, idade, naturalidade ou filiação.»

Artigo 6º – Norma revogatória

1 – É revogada a Lei nº 29/2009, de 29 de junho, com exceção do disposto nos artigos 79º, 82º e 85º e nos nºs 2 e 3 do artigo 87º

2 – São revogados o nº 3 do artigo 32º, os artigos 52º e 77º, o nº 4 do artigo 248º, o nº 4 do artigo 373º, o nº 1 do artigo 426º, o nº 2 do artigo 1052º, os artigos 1108º, 1109º, 1326º a 1392º, 1395º, 1396º, 1404º, 1405º e 1406º e o nº 3 do artigo 1462º, todos do Código de Processo Civil, aprovado pelo Decreto-Lei nº 44 129, de 28 de dezembro de 1961.

Artigo 7º – Aplicação no tempo

O disposto na presente lei não se aplica aos processos de inventário que, à data da sua entrada em vigor, se encontrem pendentes.

Artigo 8º – Entrada em vigor

A presente lei entra em vigor no primeiro dia útil do mês de setembro de 2013.

Aprovada em 25 de janeiro de 2013.

A Presidente da Assembleia da República, *Maria da Assunção A. Esteves.*

Promulgada em 22 de fevereiro de 2013.

Publique-se.

O Presidente da República, Aníbal Cavaco Silva.

Referendada em 25 de fevereiro de 2013.

O Primeiro-Ministro, *Pedro Passos Coelho.*

PARTE I. A PARTILHA DA HERANÇA

ANEXO
Regime jurídico do processo de inventário

CAPÍTULO I – Disposições gerais

Artigo 1º – Objeto
A presente lei estabelece o regime jurídico do processo de inventário.

Artigo 2º – Função do inventário
1 – O processo de inventário destina-se a pôr termo à comunhão hereditária ou, não carecendo de se realizar a partilha, a relacionar os bens
que constituem objeto de sucessão e a servir de base à eventual liquidação da herança.

2 – Ao inventário destinado à realização dos fins previstos na segunda
parte do número anterior são aplicáveis as disposições da presente lei,
com as necessárias adaptações.

3 – Pode ainda o inventário destinar-se, nos termos previstos nos artigos 79º a 81º, à partilha consequente à extinção da comunhão de bens
entre os cônjuges.

Artigo 3º – Competência do cartório notarial e do tribunal
1 – Compete aos cartórios notariais sediados no município do lugar
da abertura da sucessão efetuar o processa mento dos atos e termos do
processo de inventário e da habilitação de uma pessoa como sucessora
por morte de outra.

2 – Em caso de impedimento dos notários de um cartório notarial, é
competente qualquer dos outros cartórios notariais sediados no município do lugar da abertura da sucessão.

3 – Não havendo cartório notarial no município a que se referem os
números anteriores é competente qualquer cartório de um dos municípios confinantes.

4 – Ao notário compete dirigir todas as diligências do processo de
inventário e da habilitação de uma pessoa como sucessora por morte de
outra, sem prejuízo dos casos em que os interessados são remetidos para
os meios judiciais comuns.

HERANÇAS & PARTILHAS

5 – Aberta a sucessão fora do País, observa-se o seguinte:

a) Tendo o falecido deixado bens em Portugal, é competente para a habilitação o cartório notarial do município da situação dos imóveis ou da maior parte deles, ou, na falta de imóveis, do município onde estiver a maior parte dos móveis;

b) Não tendo o falecido deixado bens em Portugal, é competente para a habilitação o cartório notarial do domicílio do habilitando.

6 – Em caso de inventário em consequência de separação, divórcio, declaração de nulidade ou anulação de casamento, é competente o cartório notarial sediado no município do lugar da casa de morada de família ou, na falta desta, o cartório notarial competente nos termos da alínea *a*) do número anterior.

7 – Compete ao tribunal da comarca do cartório notarial onde o processo foi apresentado praticar os atos que, nos termos da presente lei, sejam da competência do juiz.

Artigo 4º – Legitimidade para requerer ou intervir no inventário

1 – Têm legitimidade para requerer que se proceda a inventário e para nele intervirem, como partes principais, em todos os atos e termos do processo:

a) Os interessados diretos na partilha;

b) Quem exerce as responsabilidades parentais, o tutor ou o curador, consoante os casos, quando a herança seja deferida a incapazes ou a ausentes em parte incerta.

2 – Existindo herdeiros legitimários, os legatários e os donatários são admitidos a intervir em todos os atos, termos e diligências suscetíveis de influir no cálculo ou determinação da legítima e implicar eventual redução das respetivas liberalidades.

3 – Os credores da herança e os legatários são admitidos a intervir nas questões relativas à verificação e satisfação dos seus direitos.

Artigo 5º – Competência do Ministério Público

1 – O notário remete para o Ministério Público junto do tribunal da comarca do cartório notarial onde o processo foi apresentado, por via eletrónica, todos os elementos e termos do processo que relevam para a Fazenda Pública.

2 – Compete ao Ministério Público ordenar as diligências necessárias para assegurar os direitos e interesses da Fazenda Pública, sem prejuízo das demais competências que lhe estejam atribuídas por lei.

Artigo 6º – Entrega de documentos, citações e notificações

1 – A apresentação do requerimento do inventário, da eventual oposição, bem como de todos os atos subsequentes deve realizar-se, sempre que possível, através de meios eletrónicos em sítio na Internet, nos termos a regular por portaria do membro do Governo responsável pela área da justiça.

2 – As citações e notificações aos interessados no inventário, ou respetivos mandatários judiciais, para os atos e termos do processo para que estão legitimados, nos termos do artigo anterior, e das decisões que lhes respeitem, são efetuadas nos termos do Código de Processo Civil.

3 – As citações e notificações que devam ser efetuadas por contacto pessoal são efetivadas por agente de execução nomeado pelo cabeça-de-casal.

Artigo 7º – Representação de incapazes e ausentes

1 – O incapaz é representado por curador especial quando o representante legal concorra com ele à herança ou a ela concorram vários incapazes representados pelo mesmo representante.

2 – Não estando instituída a curadoria, o ausente em parte incerta é também representado por curador especial.

3 – Findo o processo, os bens adjudicados ao ausente que careçam de administração são entregues ao curador nomeado, que fica, em relação aos bens entregues, com os direitos e deveres do curador provisório, cessando a administração logo que seja deferida a curadoria.

4 – A nomeação de curador especial é da competência do notário, aplicando-se, com as necessárias adaptações, o disposto no Código de Processo Civil sobre esta nomeação.

Artigo 8º – Competência relativa à caução a favor de incapazes

Compete ao notário a fixação do valor da caução, a apreciação da sua idoneidade e a designação das diligências necessárias para a sua efetivação, sempre que julgue necessária a sua prestação.

Artigo 9º – Intervenção principal

1 – É admitida, até à conferência preparatória, a dedução de intervenção principal espontânea ou provocada relativamente a qualquer interessado direto na partilha.

2 – O cabeça-de-casal e demais interessados são notificados para responder, seguindo -se o disposto nos artigos 30º e 31º.

3 – Ao interessado admitido a intervir aplica-se o disposto no nº 2 do artigo 29º.

4 – A dedução do incidente suspende o andamento do processo a partir do momento em que deveria ser convocada a conferência de interessados.

Artigo 10º – Intervenção de outros interessados

1 – Os herdeiros legitimários, os legatários e os donatários que não tenham sido inicialmente citados para o inventário podem deduzir intervenção no processo e nele exercer a atividade para que estão legitimados, nos termos do nº 2 do artigo 4º, aplicando-se, com as necessárias adaptações, o disposto no artigo anterior.

2 – Os titulares ativos de encargos da herança podem reclamar os seus direitos até à conferência preparatória, mesmo que estes não tenham sido relacionados pelo cabeça-de-casal.

3 – Ainda que não reclamem os seus direitos, os titulares ativos de encargos da herança não ficam inibidos de exigir o pagamento pelos meios judiciais comuns, mesmo que tenham sido citados para o processo.

Artigo 11º – Habilitação

1 – Se falecer algum interessado direto na partilha antes de concluído o inventário, o cabeça-de-casal indica os sucessores do falecido, juntando os documentos necessários, notificando-se a indicação aos outros interessados e citando-se para o inventário as pessoas indicadas.

2 – A legitimidade dos sucessores indicados pelo cabeça-de-casal pode ser impugnada quer pelo citado, quer pelos outros interessados notificados, nos termos dos artigos 30º e 31º.

3 – Na falta de impugnação, têm-se como habilitadas as pessoas indicadas, sem prejuízo de os sucessores eventualmente preteridos deduzirem a sua própria habilitação.

PARTE I. A PARTILHA DA HERANÇA

4 – Aos citados aplica-se o disposto no nº 2 do artigo 29º, a partir do momento da verificação do óbito do interessado a que sucedem.

5 – Podem ainda os sucessores do interessado falecido requerer a respetiva habilitação, aplicando-se, com as necessárias adaptações, o disposto nos números anteriores.

6 – Se falecer algum legatário, credor ou donatário que tenha sido citado para o inventário, podem os seus herdeiros fazer-se admitir no processo, seguindo-se os termos previstos no número anterior, com as necessárias adaptações.

7 – A habilitação do cessionário de quota hereditária e dos subadquirentes dos bens doados, sujeitos ao ónus de redução, faz-se nos termos gerais.

Artigo 12º – Exercício do direito de preferência

1 – A preferência na alienação de quinhões hereditários dos interessados na partilha pode ser exercida incidentalmente no processo de inventário, salvo se envolver a resolução de questões de facto cuja complexidade se revele incompatível com a tramitação daquele processo.

2 – Apresentando-se a preferir mais de um interessado, o bem objeto de alienação é adjudicado a todos, na proporção das suas quotas.

3 – O incidente suspende os termos do processo a partir do momento em que deveria ser convocada a conferência de interessados.

4 – O não exercício da preferência no inventário não preclude o direito de intentar ação de preferência, nos termos gerais.

5 – Se for exercido direito de preferência fora do processo de inventário, pode determinar-se, oficiosamente ou a requerimento de algum dos interessados diretos na partilha, a suspensão do inventário.

6 – A suspensão não deve ser ordenada sempre que existam fundadas razões para crer que a ação de preferência foi intentada unicamente com a finalidade de obter a suspensão ou se a causa dependente estiver tão adiantada que os prejuízos da suspensão superem as vantagens.

Artigo 13º – Constituição obrigatória de advogado

1 – É obrigatória a constituição de advogado no inventário se forem suscitadas ou discutidas questões de direito.

2 – É ainda obrigatória a constituição de advogado em caso de recurso de decisões proferidas no processo de inventário.

Artigo 14º – Tramitação dos incidentes do inventário

1 – No requerimento em que se suscite o incidente e na oposição que lhe for deduzida, devem as partes oferecer o rol de testemunhas e requerer os outros meios de prova.

2 – A oposição é deduzida no prazo de 10 dias.

3 – A falta de oposição no prazo legal determina, quanto à matéria do incidente, a produção do efeito cominatório nos termos das disposições gerais e comuns.

Artigo 15º – Limite do número de testemunhas e registo dos depoimentos

1 – A parte não pode indicar mais de cinco testemunhas.

2 – Os depoimentos prestados antecipadamente pelas testemunhas são gravados.

3 – Revelando-se impossível a gravação, o depoimento é reduzido a escrito, com a redação ditada pelo notário, podendo as partes ou os seus mandatários fazer as reclamações que entendam oportunas e competindo ao depoente, depois de lido o texto, confirmar o seu depoimento ou pedir as retificações necessárias.

4 – Os depoimentos produzidos em incidentes que não devam ser instruídos e decididos conjuntamente com a matéria do inventário são gravados se, comportando a decisão a proferir no incidente recurso ordinário, alguma das partes tiver requerido a gravação.

5 – O requerimento previsto no número anterior é apresentado conjuntamente com o requerimento e oposição a que alude o artigo anterior.

6 – Finda a produção da prova, o notário estabelece as questões relevantes para a decisão do incidente.

Artigo 16º – Remessa do processo para os meios comuns

1 – O notário determina a suspensão da tramitação do processo sempre que, na pendência do inventário, se suscitem questões que, atenta a sua natureza ou a complexidade da matéria de facto e de direito, não devam ser decididas no processo de inventário, remetendo as partes para os meios judiciais comuns até que ocorra decisão definitiva, para o que identifica as questões controvertidas, justificando fundamentadamente a sua complexidade.

2 – O notário pode ainda ordenar suspensão do processo de inventário, designadamente quando estiver pendente causa prejudicial em que se debata alguma das questões a que se refere o número anterior, aplicando-se o disposto no nº 6 do artigo 12º.

3 – A remessa para os meios judiciais comuns prevista no nº 1 pode ter lugar a requerimento de qualquer interessado.

4 – Da decisão do notário que indeferir o pedido de remessa das partes para os meios judiciais comuns cabe recurso para o tribunal competente, no prazo de 15 dias a partir da notificação da decisão, o qual deve incluir a alegação do recorrente.

5 – O recurso previsto no número anterior sobe imediatamente e tem efeito suspensivo, aplicando-se o regime da responsabilidade por litigância de má-fé previsto no Código de Processo Civil.

6 – O notário pode autorizar, a requerimento das partes principais, o prosseguimento do inventário com vista à partilha, sujeita a posterior alteração, em conformidade com o que vier a ser decidido, quando:

a) Ocorra demora injustificada na propositura ou julgamento da causa prejudicial;

b) A viabilidade da causa prejudicial se afigure reduzida; ou

c) Os inconvenientes no diferimento da partilha superem os que derivam da sua realização como provisória.

7 – Realizada a partilha nos termos do número anterior, são observados os atos previstos no artigo 68º, relativamente à entrega aos interessados dos bens que lhes couberem.

8 – Havendo interessado nascituro, o inventário é suspenso desde o momento em que a conferência de interessados deveria ter sido convocada até ao nascimento do interessado.

Artigo 17º – Questões definitivamente resolvidas no inventário

1 – Sem prejuízo das competências próprias do Ministério Público, consideram-se definitivamente resolvidas as questões que, no inventário, sejam decididas no confronto do cabeça-de-casal ou dos demais interessados a que alude o artigo 4º, desde que tenham sido regularmente admitidos a intervir no procedimento que precede a decisão, salvo se for expressamente ressalvado o direito às ações competentes.

HERANÇAS & PARTILHAS

2 – Só é admissível a resolução provisória, ou a remessa dos interessados para os meios judiciais comuns, quando a complexidade da matéria de facto subjacente à questão a dirimir torne inconveniente a decisão incidental no inventário, por implicar a redução das garantias das partes.

Artigo 18º – Cumulação de inventários

1 – É permitida a cumulação de inventários para a partilha de heranças diversas quando:

a) Sejam as mesmas as pessoas por quem tenham de ser repartidos os bens;

b) Se trate de heranças deixadas pelos dois cônjuges;

c) Uma das partilhas esteja dependente da outra ou das outras.

2 – No caso referido na alínea *c*) do número anterior:

a) Se a dependência for total, por não haver, numa das partilhas, outros bens a adjudicar além dos que ao inventariado tenham de ser atribuídos na outra, a cumulação não pode deixar de ser admitida;

b) Se a dependência for parcial, por haver outros bens, o notário pode indeferir a cumulação quando a mesma se afigure inconveniente para os interesses das partes ou para a boa tramitação do processo.

Artigo 19º – Arquivamento do processo

1 – Se o processo estiver parado durante mais de um mês por negligência dos interessados em promover os seus termos, o notário notifica imediatamente os interessados para que estes pratiquem os atos em falta no prazo de 10 dias.

2 – Se os interessados não praticarem os atos em falta ou não justificarem fundamentadamente a sua omissão, o notário determina o arquivamento do processo, salvo se puder praticar os atos oficiosamente.

Artigo 20º – Exequibilidade das certidões extraídas dos inventários

1 – As certidões extraídas dos processos de inventário valem como título executivo, desde que contenham:

a) A identificação do inventário pela designação do inventariado e do inventariante;

b) A indicação de que o respetivo interessado tem no processo a posição de herdeiro ou legatário;

c) O teor da decisão da partilha na parte que se refira ao mesmo interessado, com a menção de que a partilha foi declarada por decisão do notário, homologada judicialmente;

d) A relacionação dos bens que forem apontados, de entre os que tiverem cabido ao requerente.

2 – Se a decisão do notário tiver sido modificada em recurso e a modificação afetar a quota do interessado, a certidão reproduz a decisão definitiva, na parte respeitante à mesma quota.

3 – Se a certidão for destinada a provar a existência de um crédito, só contém, para além do requisito previsto na alínea *a*) do nº 1, o constante do processo a respeito da aprovação ou reconhecimento do crédito e forma do seu pagamento.

CAPÍTULO II – Do processo de inventário

SECÇÃO I – Do requerimento inicial e das declarações do cabeça-de-casal

Artigo 21º – Requerimento inicial

1 – O requerente do inventário destinado a pôr termo à comunhão hereditária junta documento comprovativo do óbito do autor da sucessão e indica quem, nos termos da lei civil, deve exercer as funções de cabeça-de-casal.

2 – O modelo do requerimento de inventário é aprovado por portaria do membro do Governo responsável pela área da justiça.

Artigo 22º – Nomeação, substituição, escusa ou remoção do cabeça--de-casal

1 – Para designar o cabeça-de-casal, o notário pode colher as informações necessárias, e se, pelas declarações da pessoa designada, verificar que o encargo compete a outrem, defere-o a quem couber.

2 – O cabeça-de-casal pode ser substituído a todo o tempo, por acordo de todos os interessados na partilha.

3 – A substituição, a escusa e a remoção do cabeça-de-casal designado constituem incidentes do processo de inventário.

HERANÇAS & PARTILHAS

4 – Sendo impugnada a legitimidade do cabeça-de-casal, ou reque-rida a escusa ou a remoção deste, prossegue o inventário com o cabeça--de-casal designado, até ser decidido o incidente.

Artigo 23º – Cabeça-de-casal
Ao cabeça-de-casal incumbe fornecer os elementos necessários para o prosseguimento do inventário.

Artigo 24º – Declarações do cabeça-de-casal
1 – Ao ser citado, o cabeça-de-casal é advertido do âmbito das decla-rações que deve prestar e dos documentos que lhe incumbe juntar.

2 – Prestado o compromisso de honra do bom desempenho da sua função, o cabeça-de-casal presta declarações, que pode delegar em man-datário judicial, nas quais deve constar:

a) A identificação do autor da herança, o lugar da sua última residên-cia e a data e o lugar em que tenha falecido;

b) A identificação dos interessados diretos na partilha;

c) Quem exerce as responsabilidades parentais, a tutela ou a curado-ria, quando a herança seja deferida a incapazes ou a ausentes em parte incerta, bem como dos legatários, credores da herança e, havendo her-deiros legitimários, dos donatários, com indicação das respetivas resi-dências atuais e locais de trabalho;

d) Tudo o mais necessário ao desenvolvimento do processo.

3 – No ato de declarações, o cabeça-de-casal apresenta os testamen-tos, convenções antenupciais, escrituras de doação e certidões de per-filhação que se mostrem necessárias, assim como a relação de todos os bens que devem figurar no inventário, ainda que a sua administração não lhe pertença.

4 – Não estando em condições de apresentar todos os elementos exi-gidos, o cabeça-de-casal justifica a falta e pede, fundamentadamente, a concessão de prazo para os fornecer.

5 – São considerados habilitados como tal os herdeiros que tiverem sido indicados pelo cabeça-de-casal, desde que:

a) Todos os herdeiros tenham sido citados para o inventário;

e

b) Nenhum herdeiro tenha impugnado a sua legitimidade ou a dos outros herdeiros no prazo legalmente fixado ou se, tendo havido impug-nação, esta tenha sido julgada improcedente.

6 – Caso seja apresentada certidão do inventário, pela qual se provem os factos indicados, observa-se o disposto no presente artigo.

Artigo 25º – Relação de bens

1 – Os bens que integram a herança são especificados na relação por meio de verbas, sujeitas a uma só numeração, pela ordem seguinte: direitos de crédito, títulos de crédito, dinheiro, moedas estrangeiras, objetos de ouro, prata e pedras preciosas e semelhantes, outras coisas móveis e bens imóveis.

2 – As dívidas são relacionadas em separado, sujeitas a numeração própria.

3 – A menção dos bens é acompanhada dos elementos necessários à sua identificação e ao apuramento da sua situação jurídica.

4 – Não havendo inconveniente para a partilha, podem ser agrupados, na mesma verba, os móveis, ainda que de natureza diferente, desde que se destinem a um fim unitário e sejam de pequeno valor.

5 – As benfeitorias pertencentes à herança são descritas em espécie, quando possam separar-se do prédio em que foram realizadas, ou como simples crédito, no caso contrário.

6 – As benfeitorias efetuadas por terceiros em prédio da herança são descritas como dívidas, quando não possam ser levantadas por quem as realizou.

7 – O cabeça-de-casal é nomeado como depositário em relação aos bens arrolados.

Artigo 26º – Indicação do valor

1 – Além de os relacionar, o cabeça-de-casal indica o valor que atribui a cada um dos bens.

2 – O valor dos prédios inscritos na matriz é o respetivo valor matricial, devendo o cabeça-de-casal apresentar a respetiva certidão.

3 – São mencionados como bens ilíquidos:

a) Os direitos de crédito ou de outra natureza, cujo valor não seja ainda possível determinar;

b) As partes sociais em sociedades cuja dissolução seja determinada pela morte do inventariado, desde que a respetiva liquidação não esteja concluída, mencionando-se, entretanto, o valor que tinham segundo o último balanço.

Artigo 27º – Relacionação dos bens que não se encontrem em poder do cabeça-de-casal

1 – Se o cabeça-de-casal declarar que está impossibilitado de relacionar alguns bens que estejam em poder de outra pessoa, é esta notificada para, no prazo designado, facultar o acesso a tais bens e fornecer os elementos necessários à respetiva inclusão na relação de bens.

2 – Alegando o notificado que os bens não existem ou não têm de ser relacionados, observa-se, com as necessárias adaptações, o disposto no nº 3 do artigo 35º.

3 – Se o notificado não cumprir o dever de colaboração que lhe cabe, pode o notário ordenar as diligências necessárias, incluindo a apreensão dos bens.

4 – Para a realização da diligência de apreensão dos bens o notário pode solicitar diretamente o auxílio das autoridades policiais, aplicando-se, com as necessárias adaptações, o disposto no nº 5 do artigo 840º do Código de Processo Civil.

5 – A apreensão dos bens só pode efetuar-se pelo tempo indispensável à sua inclusão na relação de bens e deve observar o disposto no Código de Processo Civil em matéria de proteção do domicílio.

SECÇÃO II – Das citações e notificações

Artigo 28º – Citação e notificação dos interessados

1 – Quando o processo deva prosseguir, são citados para os seus termos os interessados diretos na partilha, quem exerce as responsabilidades parentais, a tutela ou a curadoria, quando a sucessão seja deferida a incapazes ou a ausentes em parte incerta, os legatários, os credores da herança e, havendo herdeiros legitimários, os donatários.

2 – O requerente do inventário e o cabeça-de-casal são notificados do despacho que ordene as citações.

Artigo 29º – Forma de efetivar as citações

1 – O expediente a remeter aos citandos deve incluir cópia das declarações prestadas pelo cabeça-de-casal, sendo os mesmos advertidos do âmbito da sua intervenção, nos termos do artigo 4º, e da faculdade de deduzir oposição ou impugnação, nos termos dos artigos seguintes.

2 – Verificada, em qualquer altura, a falta de citação de algum interessado, é este citado com a cominação de que, se nada requerer no prazo de 15 dias, o processo se considera ratificado.

3 – No prazo referido no número anterior, o citado é admitido a exercer os direitos que lhe competiam, anulando-se o que for indispensável.

SECÇÃO III – Das oposições

Artigo 30º – Oposição e impugnações

1 – Nos 20 dias a contar da citação, os interessados diretos na partilha e quem exerce as responsabilidades parentais, a tutela ou a curadoria, quando tenham sido citados, podem:

a) Deduzir oposição ao inventário;

b) Impugnar a legitimidade dos interessados citados ou alegar a existência de outros;

c) Impugnar a competência do cabeça-de-casal ou as indicações constantes das suas declarações; ou

d) Invocar quaisquer exceções dilatórias.

2 – As faculdades previstas no número anterior podem também ser exercidas pelo cabeça-de-casal e pelo requerente do inventário, contando-se o prazo para o seu exercício da notificação do despacho que ordena as citações.

3 – Quando houver herdeiros legitimários, os legatários e os donatários são admitidos a deduzir impugnação relativamente às questões que possam afetar os seus direitos.

Artigo 31º – Tramitação subsequente

1 – Deduzida oposição ou impugnação, nos termos do artigo anterior, são notificados os interessados com legitimidade para intervir na questão suscitada para responder, em 15 dias.

2 – As provas são indicadas com os requerimentos e respostas.

3 – Efetuadas as diligências probatórias necessárias, requeridas pelos interessados ou determinadas oficiosamente, o notário decide a questão.

Artigo 32º – Reclamação contra a relação de bens

1 – Apresentada a relação de bens, todos os interessados podem, no prazo previsto no nº 1 do artigo 30º, reclamar contra ela:

a) Acusando a falta de bens que devam ser relacionados;

b) Requerendo a exclusão de bens indevidamente relacionados, por não fazerem parte do acervo a dividir; ou

c) Arguindo qualquer inexatidão na descrição dos bens, que releve para a partilha.

2 – Os interessados são notificados da apresentação da relação de bens, enviando-se-lhes cópia da mesma.

3 – Quando o cabeça-de-casal apresentar a relação de bens ao prestar as suas declarações, a notificação prevista no número anterior tem lugar conjuntamente com as citações para o inventário.

4 – No caso previsto no número anterior, os interessados podem exercer, no prazo da oposição, as faculdades previstas no nº 1.

5 – As reclamações contra a relação de bens podem ainda ser apresentadas até ao início da audiência preparatória, sendo o reclamante condenado em multa, exceto se demonstrar que a não pôde oferecer no momento próprio, por facto que não lhe é imputável.

Artigo 33º – Realização da avaliação

1 – Com a oposição ao inventário pode qualquer interessado impugnar o valor indicado pelo cabeça-de-casal para cada um dos bens, oferecendo o valor que se lhe afigure adequado.

2 – Tendo sido impugnado o valor dos bens, a respetiva avaliação é efetuada por um único perito, nomeado pelo notário, aplicando-se, com as necessárias adaptações, o disposto no Código de Processo Civil quanto à prova pericial.

Artigo 34º – Pedidos de adjudicação de bens

1 – Se estiverem relacionados bens indivisíveis de que algum dos interessados seja comproprietário, excedendo a sua quota metade do respetivo valor e fundando-se o seu direito em título que a exclua do inventário ou, não havendo herdeiros legitimários, em doação ou legado do autor da herança, o interessado em causa pode requerer que a parte relacionada lhe seja adjudicada.

2 – Pode igualmente qualquer interessado formular pedido de adjudicação relativamente a quaisquer bens fungíveis ou títulos de crédito, na proporção da sua quota, salvo se a divisão em espécie puder acarretar prejuízo considerável.

3 – Os pedidos de adjudicação a que se referem os números anteriores são deduzidos na conferência preparatória e encontram-se sujeitos aos limites estabelecidos para aquela forma de alienação.

4 – Os restantes interessados presentes são ouvidos sobre as questões da indivisibilidade ou do eventual prejuízo causado pela divisão, podendo qualquer dos interessados requerer que se proceda à avaliação.

SECÇÃO IV – Das respostas do cabeça-de-casal

Artigo 35º – Respostas do cabeça-de-casal
1 – Quando seja deduzida reclamação contra a relação de bens, é o cabeça-de-casal notificado para, no prazo de 10 dias, relacionar os bens em falta ou dizer o que lhe oferecer sobre a matéria da reclamação.

2 – Se confessar a existência dos bens cuja falta foi invocada, o cabeça-de-casal procede imediatamente, ou no prazo que lhe for concedido, ao aditamento da relação de bens inicialmente apresentada, notificando-se os restantes interessados da modificação efetuada.

3 – Não se verificando a situação prevista no número anterior, são notificados os restantes interessados com legitimidade para se pronunciarem, no prazo de 15 dias, aplicando-se o disposto no nº 2 do artigo 31º e decidindo o notário da existência de bens e da pertinência da sua relacionação, sem prejuízo do disposto no artigo seguinte.

4 – A existência de sonegação de bens, nos termos da lei civil, é apreciada conjuntamente com a invocação da falta de bens relacionados, aplicando-se, quando provada, a sanção civil que se mostre adequada, sem prejuízo do disposto no nº 2 do artigo 17º.

5 – As alterações e aditamentos ordenados são sempre introduzidos na relação de bens inicialmente apresentada.

6 – O disposto no presente artigo é aplicável, com as necessárias adaptações, aos casos em que o terceiro se arroga da titularidade de bens relacionados e requer a sua exclusão do inventário.

HERANÇAS & PARTILHAS

Artigo 36º – Insuficiência das provas para decidir das reclamações

1 – Quando a complexidade da matéria de facto ou de direito tornar inconveniente, nos termos do nº 2 do artigo 17º, a decisão incidental das reclamações previstas no artigo anterior, o notário abstém-se de decidir e remete os interessados para os meios judiciais comuns.

2 – No caso previsto no número anterior, não são incluídos no inventário os bens cuja falta se acusou e permanecem relacionados aqueles cuja exclusão se requereu.

3 – Pode ainda o notário, com base numa apreciação sumária das provas produzidas, deferir provisoriamente as reclamações, com ressalva do direito às ações competentes, nos termos previstos no nº 2 do artigo 17º.

SECÇÃO V – Das dívidas

Artigo 37º – Negação de dívidas ativas

1 – Se uma dívida ativa, relacionada pelo cabeça-de-casal, for negada pelo pretenso devedor, aplica-se o disposto no artigo 32º, com as necessárias adaptações.

2 – Sendo mantido o relacionamento do débito, a dívida reputa-se litigiosa.

3 – Se a dívida for eliminada, os interessados mantêm o direito de exigir o pagamento pelos meios comuns.

Artigo 38º – Reconhecimento das dívidas aprovadas por todos

1 – As dívidas que sejam aprovadas pelos interessados maiores e por aqueles a quem compete a aprovação em representação dos menores ou equiparados consideram-se reconhecidas, devendo o seu pagamento ser ordenado por decisão do notário.

2 – Quando a lei exija certa espécie de prova documental para a demonstração da sua existência, não pode a dívida ser aprovada por parte dos menores ou equiparados sem que se junte ou exiba a prova exigida.

Artigo 39º – Verificação de dívidas pelo notário

Se todos os interessados se opuserem à aprovação da dívida, o notário conhece da sua existência quando a questão puder ser resolvida com segurança pelo exame dos documentos apresentados.

Artigo 40º – Divergências entre os interessados sobre a aprovação de dívidas

Havendo divergências sobre a aprovação da dívida, aplica-se o disposto no artigo 38º no que se refere à quota-parte relativa aos interessados que a aprovem, observando-se quanto à parte restante o determinado no artigo anterior.

Artigo 41º – Pagamento das dívidas aprovadas por todos

1 – Se o credor exigir o pagamento, as dívidas vencidas e aprovadas por todos os interessados devem ser pagas imediatamente.

2 – Não havendo na herança dinheiro suficiente e não acordando os interessados noutra forma de pagamento imediato, procede-se à venda de bens para esse efeito, designando o notário os bens a serem vendidos, quando não exista acordo a tal respeito entre os interessados.

3 – Se o credor quiser receber em pagamento os bens indicados para a venda, os mesmos são-lhe adjudicados pelo preço que se ajustar.

4 – O disposto nos números anteriores é igualmente aplicável às dívidas cuja existência seja verificada pelo notário, nos termos dos artigos 39º e 40º, se a respetiva decisão se tornar definitiva antes da organização do mapa da partilha.

Artigo 42º – Pagamento de dívidas aprovadas por alguns dos interessados

Sendo as dívidas aprovadas unicamente por alguns dos interessados, compete a quem as aprovou deliberar sobre a forma de pagamento, ainda que tal deliberação não afete os demais interessados.

Artigo 43º – Deliberação dos legatários ou donatários sobre o passivo

1 – Aos legatários compete deliberar sobre o passivo e forma do seu pagamento, quando toda a herança seja dividida em legados, ou quando da aprovação das dívidas resulte na redução de legados.

2 – Os donatários são chamados a pronunciar-se sobre a aprovação das dívidas sempre que existam sérias probabilidades de delas resultar a redução das liberalidades.

Artigo 44º – Dívida não aprovada por todos ou dívida não reconhecida pelo notário

Se a dívida que dá causa à redução não for aprovada por todos os herdeiros, donatários e legatários, ou não for reconhecida pelo notário, não pode ser tomada em conta, no processo de inventário, para esse efeito.

Artigo 45º – Apresentação da conta

1 – O cabeça-de-casal deve apresentar a conta do cabecelato, até ao 15º dia que antecede a conferência preparatória, devidamente documentada, podendo qualquer interessado proceder, no prazo de cinco dias, à sua impugnação.

2 – Compete ao notário decidir sobre a impugnação prevista no número anterior.

Artigo 46º – Insolvência da herança

Quando se verifique a situação de insolvência da herança, seguem-se, a requerimento de algum credor ou por deliberação de todos os interessados, os termos do processo de insolvência que se mostrem adequados, aproveitando-se, sempre que possível, o processado.

SECÇÃO VI – Da conferência preparatória

Artigo 47º – Saneamento do processo e marcação da conferência preparatória

1 – Resolvidas as questões suscitadas que sejam suscetíveis de influir na partilha e determinados os bens a partilhar, o notário designa dia para a realização de conferência preparatória da conferência de interessados.

2 – Os interessados podem fazer-se representar na conferência preparatória por mandatário com poderes especiais e confiar o mandato a qualquer outro interessado.

3 – Na notificação das pessoas convocadas faz-se sempre menção do objeto da conferência.

4 – Os interessados diretos na partilha que residam na área do município são notificados com obrigação de comparência pessoal, ou de se fazerem representar nos termos do nº 2, sob cominação de pagamento

de taxa suplementar prevista em portaria do membro do Governo responsável pela área da justiça.

5 – A conferência pode ser adiada, por determinação do notário ou a requerimento de qualquer interessado, por uma só vez, se faltar algum dos convocados e houver razões para considerar viável o acordo sobre a composição dos quinhões.

Artigo 48º – Assuntos a submeter à conferência preparatória

1 – Na conferência podem os interessados deliberar, por maioria de dois terços dos titulares do direito à herança e independentemente da proporção de cada quota, que a composição dos quinhões se realize por algum dos modos seguintes:

a) Designando as verbas que devem compor, no todo ou em parte, o quinhão de cada um deles e os valores por que devem ser adjudicados;

b) Indicando as verbas ou lotes e respetivos valores, para que, no todo ou em parte, sejam objeto de sorteio pelos interessados;

c) Acordando na venda total ou parcial dos bens da herança e na distribuição do produto da alienação pelos diversos interessados.

2 – As diligências referidas nas alíneas *a)* e *b)* do número anterior podem ser precedidas de avaliação, requerida pelos interessados ou oficiosamente determinada pelo notário, destinada a possibilitar a repartição igualitária e equitativa dos bens pelos vários interessados.

3 – Aos interessados compete ainda deliberar sobre a aprovação do passivo e da forma de cumprimento dos legados e demais encargos da herança.

4 – Na falta da deliberação prevista no nº 1, incumbe ainda aos interessados deliberar sobre quaisquer questões cuja resolução possa influir na partilha.

5 – A deliberação dos interessados presentes, relativa às matérias contidas no número anterior, vincula os demais que, devidamente notificados, não tenham comparecido na conferência.

6 – O inventário pode findar na conferência, por acordo dos interessados, sem prejuízo do disposto no artigo 5º

7 – Nos casos previstos no número anterior, ao acordo aplica-se, com as necessárias adaptações, o disposto no artigo 66º

SECÇÃO VII – Da conferência de interessados

Artigo 49º – Quando se faz a conferência de interessados e qual a sua finalidade

A conferência de interessados destina-se à adjudicação dos bens e tem lugar nos 20 dias posteriores ao dia da conferência preparatória, devendo a sua data ser designada pelo notário, não havendo lugar a adiamento nos casos em que a respetiva data tenha sido fixada por acordo, salvo havendo justo impedimento.

Artigo 50º – Adjudicação dos bens, valor base e competência

1 – A adjudicação dos bens é efetuada mediante propostas em carta fechada, devendo o notário, pessoalmente, proceder à respetiva abertura, salvo nos casos em que aquela forma de alienação não seja admissível.

2 – O valor a propor não pode ser inferior a 85% do valor base dos bens.

3 – À adjudicação aplica-se, com as necessárias adaptações, o disposto no Código de Processo Civil quanto à venda executiva mediante propostas em carta fechada.

Artigo 51º – Negociação particular

Os bens não adjudicados mediante propostas em carta fechada são adjudicados por negociação particular, a realizar pelo notário, aplicando-se, com as necessárias adaptações, o disposto no Código de Processo Civil quanto à venda executiva por negociação particular.

SECÇÃO VIII – Do apuramento da inoficiosidade

Artigo 52º – Avaliação de bens doados no caso de ser arguida inoficiosidade

1 – Se houver herdeiros legitimários e algum interessado declarar que pretende licitar sobre os bens doados pelo inventariado, a oposição do donatário, seja ou não conferente, permite requerer a avaliação dos bens a que se refira a declaração.

2 – Feita a avaliação e concluídas as licitações nos outros bens, a declaração fica sem efeito se vier a apurar-se que o donatário não é obrigado a repor bens alguns.

3 – Quando se reconheça, porém, que a doação é inoficiosa, observa-se o seguinte:

a) Se a declaração recair sobre prédio suscetível de divisão, é admitida a licitação sobre a parte que o donatário tem de repor, a que não é admitido o donatário;

b) Se a declaração recair sobre coisa indivisível, abre-se licitação sobre ela entre os herdeiros legitimários, no caso de a redução exceder metade do seu valor, ficando o donatário obrigado a repor o excesso, caso a redução seja igual ou inferior a essa metade;

c) Fora dos casos previstos nas alíneas anteriores, o donatário pode escolher, entre os bens doados, os bens necessários para o preenchimento da sua quota na herança e dos encargos da doação, e deve repor os que excederem o seu quinhão, abrindo-se licitação sobre os bens repostos, se for ou já tiver sido requerida, não sendo o donatário admitido a licitar.

4 – A oposição do donatário é declarada no próprio ato da conferência, caso o mesmo nesta esteja presente.

5 – Não estando presente, o donatário é notificado, antes das licitações, para manifestar a sua oposição.

6 – A avaliação pode ser requerida até ao fim do prazo para exame do processo para a forma da partilha.

Artigo 53º – Avaliação de bens legados no caso de ser arguida inoficiosidade

1 – Se algum interessado declarar que pretende licitar sobre bens legados, pode o legatário opor-se nos termos dos nºs 4 e 5 do artigo anterior.

2 – Se o legatário se opuser, a licitação não tem lugar, mas os herdeiros podem requerer a avaliação dos bens legados quando a sua baixa avaliação lhes possa causar prejuízo.

3 – Na falta de oposição por parte do legatário, os bens entram na licitação, tendo o legatário direito ao valor respetivo.

4 – Ao prazo para requerer a avaliação é aplicável o disposto no nº 6 do artigo anterior.

Artigo 54º – Avaliação a requerimento do donatário ou legatário, sendo as liberalidades inoficiosas

1 – Quando do valor constante da relação de bens resulte que a doação ou o legado são inoficiosos, pode o donatário ou o legatário, independentemente das declarações a que se referem os artigos anteriores, requerer a avaliação dos bens doados ou legados, ou de quaisquer outros que ainda não tenham sido avaliados.

2 – Pode também o donatário ou legatário requerer a avaliação de outros bens da herança quando só em face da avaliação dos bens doados ou legados e das licitações se reconheça que a doação ou legado tem de ser reduzida por inoficiosidade.

3 – A avaliação a que se refere este artigo pode ser requerida até ao exame do processo para a forma da partilha.

Artigo 55º – Consequências da inoficiosidade do legado

1 – Se o legado for inoficioso, o legatário repõe, em substância, a parte que exceder, podendo sobre essa parte haver licitação, a que não é admitido o legatário.

2 – Sendo a coisa legada indivisível, observa-se o seguinte:

a) Quando a reposição deva ser feita em dinheiro, qualquer dos interessados pode requerer a avaliação da coisa legada;

b) Quando a reposição possa ser feita em substância, o legatário tem a faculdade de requerer licitação da coisa legada.

3 – É aplicável também ao legatário o disposto na alínea *c)* do nº 3 do artigo 52º.

Artigo 56º – Licitações

Todas as licitações previstas no âmbito do processo de inventário são efetuadas mediante propostas em carta fechada.

SECÇÃO IX – Da partilha

SUBSECÇÃO I – Efetivação da partilha

Artigo 57º – Despacho sobre a forma da partilha

1 – Cumprido o disposto nos artigos anteriores, os advogados dos interessados são ouvidos sobre a forma da partilha, nos termos aplicáveis do artigo 32º.

2 – No prazo de 10 dias após a audição prevista no número anterior, o notário profere despacho determinativo do modo como deve ser organizada a partilha, devendo ser resolvidas todas as questões que ainda o não tenham sido e que seja necessário decidir para a organização do mapa da partilha, podendo o notário mandar proceder à produção da prova que julgue necessária.

3 – Para efeitos do disposto no número anterior, se se suscitarem questões que, atenta a sua natureza ou a complexidade da matéria de facto e de direito, não devam ser decididas no processo de inventário, serão os interessados remetidos, nessa parte, para os meios judiciais comuns.

4 – Do despacho determinativo da forma da partilha é admissível impugnação para o tribunal da 1ª instância imediatamente, nos próprios autos e com efeito suspensivo.

Artigo 58º – Preenchimento dos quinhões

1 – No preenchimento dos quinhões observam -se as seguintes regras:

a) Os bens licitados são adjudicados ao respetivo licitante, tal como os bens doados ou legados são adjudicados ao respetivo donatário ou legatário;

b) Aos não conferentes ou não licitantes são atribuídos bens da mesma espécie e natureza dos doados e licitados, exceto quando tal não seja possível, caso em que:

i) Os não conferentes ou não licitantes são inteirados em outros bens da herança, podendo exigir a composição em dinheiro;

ii) Procede-se à venda judicial dos bens necessários para obter as devidas quantias, sempre que estes forem de natureza diferente da dos bens doados ou licitados;

HERANÇAS & PARTILHAS

c) Os bens restantes, se os houver, são repartidos à sorte entre os interessados, por lotes iguais;

d) Os créditos que sejam litigiosos ou que não estejam suficientemente comprovados e os bens que não tenham valor são distribuídos proporcionalmente pelos interessados.

2 – O disposto na alínea *b)* do número anterior é aplicável em benefício dos co-herdeiros não legatários, quando alguns dos herdeiros tenham sido contemplados com legados.

Artigo 59º – Mapa da partilha

1 – Proferido o despacho sobre a forma da partilha, o notário organiza, no prazo de 10 dias, o mapa da partilha, em harmonia com o mesmo despacho e com o disposto no artigo anterior.

2 – Para a formação do mapa observam-se as regras seguintes:

a) Apura-se, em primeiro lugar, a importância total do ativo, somando-se os valores de cada espécie de bens conforme as avaliações e licitações efetuadas e deduzindo-se as dívidas, legados e encargos que devam ser abatidos;

b) Em seguida, determina-se o montante da quota de cada interessado e a parte que lhe cabe em cada espécie de bens;

c) Por fim, faz-se o preenchimento de cada quota com referência aos números das verbas da descrição.

3 – Os lotes que devam ser sorteados são designados por letras e os valores são indicados somente por algarismos.

4 – Os números das verbas da descrição são indicados por algarismos e por extenso e, quando forem seguidos, referindo apenas os limites entre os quais fica compreendida a numeração.

5 – Se aos co-herdeiros couberem frações de verbas, é necessário mencionar a fração.

6 – Em cada lote deve sempre indicar-se a espécie de bens que o constituem.

Artigo 60º – Excesso de bens doados, legados ou licitados

1 – Se o notário verificar, no ato da organização do mapa, que os bens doados, legados ou licitados excedem a quota do respetivo interessado ou a parte disponível do inventariado, lança no processo uma informação, sob a forma de mapa, indicando o montante do excesso.

2 – Se houver legados ou doações inoficiosas, o notário ordena a notificação dos interessados para requererem a sua redução nos termos da lei civil, podendo o legatário ou donatário escolher, entre os bens legados ou doados, os bens necessários para preencher o valor a que tenha direito a receber.

Artigo 61º – Opções concedidas aos interessados

1 – Os interessados a quem caibam tornas são notificados para requerer a composição dos seus quinhões ou reclamar o pagamento das tornas.

2 – Se algum interessado tiver licitado em mais verbas do que as necessárias para preencher a sua quota, é permitido a qualquer dos notificados requerer que as verbas em excesso ou algumas lhe sejam adjudicadas pelo valor resultante da licitação, até ao limite do seu quinhão.

3 – O licitante pode escolher, de entre as verbas em que licitou, as necessárias para preencher a sua quota, sendo notificado para exercer esse direito, nos termos aplicáveis do nº 2 do artigo anterior.

4 – Sendo o requerimento feito por mais de um interessado e não havendo acordo entre eles sobre a adjudicação, o notário decide, por forma a conseguir o maior equilíbrio dos lotes, podendo mandar proceder a sorteio ou autorizar a adjudicação em comum na proporção que indicar.

Artigo 62º – Pagamento ou depósito das tornas

1 – Reclamado o pagamento das tornas, é notificado o interessado que tenha de as pagar, para as depositar.

2 – Não sendo efetuado o depósito, podem os requerentes pedir que das verbas destinadas ao devedor lhes sejam adjudicadas, pelo valor constante da informação prevista no artigo 60º, as que escolherem e sejam necessárias para preenchimento das suas quotas, contanto que depositem imediatamente a importância das tornas que, por virtude da adjudicação, tenham de pagar, sendo neste caso aplicável o disposto no nº 4 do artigo anterior.

3 – Podem também os requerentes pedir que, tornando-se definitiva a decisão de partilha, se proceda no mesmo processo à venda dos bens adjudicados ao devedor até onde seja necessário para o pagamento das tornas.

HERANÇAS & PARTILHAS

4 – Não sendo reclamado o seu pagamento, as tornas vencem juros legais desde a data da decisão homologatória da partilha e os credores podem registar hipoteca legal sobre os bens adjudicados ao devedor ou, quando essa garantia se mostre insuficiente, requerer que sejam tomados, quanto aos móveis, os atos previstos no artigo 68º.

Artigo 63º – Reclamações contra o mapa

1 – Organizado o mapa, podem os interessados, no prazo de 10 dias a contar da sua notificação, requerer qualquer retificação ou reclamar contra qualquer irregularidade, nomeadamente contra a desigualdade dos lotes ou contra a falta de observância do despacho que determinou a partilha.

2 – As reclamações apresentadas são decididas no prazo de 10 dias, podendo os interessados ser convocados para uma conferência quando alguma reclamação tiver por fundamento a desigualdade dos lotes.

3 – As modificações impostas pela decisão das reclamações são efetuadas no mapa, organizando-se, se for necessário, novo mapa.

Artigo 64º – Sorteio dos lotes

1 – Em seguida procede-se ao sorteio dos lotes, se a ele houver lugar, entrando numa urna tantos papéis quantos sejam os lotes que devam ser sorteados, depois de se ter escrito em cada papel a letra correspondente ao lote que representa.

2 – Na extração dos papéis atribui-se o primeiro lugar ao meeiro do inventariado e, quanto aos co-herdeiros, regula a ordem alfabética dos seus nomes.

3 – O notário tira as sortes pelos interessados que não compareçam e, à medida que o sorteio se for realizando, averba por cota no processo o nome do interessado a quem caiba cada lote.

4 – Concluído o sorteio, os interessados podem trocar entre si os lotes que lhes tenham cabido.

5 – Para a troca de lotes pertencentes a menores e equiparados é necessária autorização de quem exerce as responsabilidades parentais ou a tutela.

6 – Tratando-se de inabilitado, a troca de lotes não pode fazer-se sem a anuência do curador.

Artigo 65º – Segundo e terceiro mapas

1 – Quando exista cônjuge meeiro, no mapa constam dois montes.

2 – Determinado que seja o mapa do inventariado, organiza-se segundo mapa para a divisão dele pelos seus herdeiros.

3 – Caso os quinhões dos herdeiros sejam desiguais, por haver alguns que sucedam por direito de representação, achada a quota do representado, forma-se terceiro mapa para a divisão dela pelos representantes.

4 – Se algum herdeiro tiver de ser contemplado com maior porção de bens, formam-se, sendo possível, os lotes necessários para que o sorteio se efetue entre lotes iguais.

5 – Quando o segundo mapa não puder ser organizado e sorteado no ato do sorteio dos lotes do primeiro mapa e quando o terceiro mapa também o não possa ser no ato do sorteio dos lotes do segundo, observam-se, não só quanto à organização mas também quanto ao exame e sorteio do segundo e terceiro mapas, as regras que ficam estabelecidas relativamente ao primeiro.

Artigo 66º – Decisão homologatória da partilha

1 – A decisão homologatória da partilha constante do mapa e das operações de sorteio é proferida pelo juiz cível territorialmente competente.

2 – Quando a herança seja deferida a incapazes, menores ou a ausentes em parte incerta e sempre que seja necessário representar e defender os interesses da Fazenda Pública, o processo é enviado ao Ministério Público junto do juízo cível territorialmente competente, para que determine, em 10 dias a contar da respetiva receção, o que se lhe afigure necessário para a defesa dos interesses que legalmente lhe estão confiados.

3 – Da decisão homologatória da partilha cabe recurso de apelação, nos termos do Código de Processo Civil, para o Tribunal da Relação territorialmente competente, com efeito meramente devolutivo.

Artigo 67º – Responsabilidade pelas custas

1 – As custas devidas pela tramitação do inventário são pagas pelos herdeiros, pelo meeiro e pelo usufrutuário de toda a herança ou de parte dela, na proporção do que recebam, respondendo os bens legados subsidiariamente pelo seu pagamento.

2 – Se a herança for toda distribuída em legados, as custas são pagas pelos legatários na mesma proporção.

3 – Às custas dos incidentes e dos recursos é aplicável o regime previsto em portaria do membro do Governo responsável pela área da justiça.

Artigo 68º – Entrega de bens antes de a decisão de partilha se tornar definitiva

1 – Se algum dos interessados quiser receber os bens que lhe tenham cabido em partilha, antes de a decisão de partilha se tornar definitiva, observa-se o seguinte:

a) No título que se passe para o registo e posse dos bens imóveis declara-se que a decisão não se tornou definitiva, não podendo o conservador registar a transmissão sem mencionar essa circunstância;

b) Os papéis de crédito sujeitos a averbamento são averbados pela entidade competente com a declaração de que o interessado não pode dispor deles enquanto a decisão de partilha não se tornar definitiva;

c) Quaisquer outros bens só são entregues se o interessado prestar caução, a qual não compreende os rendimentos, os juros e os dividendos.

2 – Se o inventário prosseguir quanto a alguns bens por se reconhecer desde logo que devem ser relacionados, mas subsistirem dúvidas quanto à falta de bens a conferir, o conferente não recebe os que lhe couberem em partilha sem prestar caução pelo valor daqueles a que não tenha direito caso a questão seja decidida contra ele.

3 – As declarações feitas no registo ou no averbamento produzem o mesmo efeito que o registo das ações e tal efeito subsiste enquanto não for declarado extinto por despacho notarial.

Artigo 69º – Nova partilha

1 – Tendo de proceder-se a nova partilha por efeito da decisão do recurso, o cabeça-de-casal entra imediatamente na posse dos bens que deixaram de pertencer ao interessado que os recebeu.

2 – O inventário só é reformado na parte estritamente necessária para que a decisão seja cumprida, subsistindo sempre a avaliação e a descrição, ainda que se verifique completa substituição de herdeiros.

3 – Na decisão que julgue a nova partilha, ou por despacho, quando não tenha de proceder -se a nova partilha, são mandados cancelar os registos ou averbamentos que devam caducar.

4 – Se o interessado não restituir os bens móveis que recebeu, será executado por eles no mesmo processo de inventário, bem como pelos rendimentos que deva restituir, prestando contas como se fosse cabeça- -de-casal.

SUBSECÇÃO II – Emenda e anulação da partilha

Artigo 70º – Emenda por acordo e retificação de erros materiais

1 – A partilha, ainda que a decisão se tenha tornado definitiva, pode ser emendada no mesmo inventário por acordo de todos os interessados ou dos seus representantes, se tiver havido erro de facto na descrição ou qualificação dos bens ou qualquer outro erro suscetível de viciar a vontade das partes.

2 – A sentença ou o despacho que omitam o nome das partes, sejam omissas quanto a taxas e custas, ou contenham erros de escrita ou de cálculo ou quaisquer inexatidões devidas a outra omissão ou lapso manifesto, podem ser corrigidos por simples despacho, a requerimento de qualquer das partes ou por iniciativa do juiz.

3 – Em caso de recurso, a retificação só pode ter lugar antes de ele subir, podendo as partes alegar perante o tribunal superior o que entendam de seu direito no tocante à retificação.

4 – Se nenhuma das partes recorrer, a retificação pode ter lugar a todo o tempo.

Artigo 71º – Emenda da partilha na falta de acordo

1 – Quando se verifique algum dos casos previstos no artigo anterior e os interessados não estejam de acordo quanto à emenda, pode esta ser pedida em ação proposta dentro de um ano, a contar do conhecimento do erro, contanto que este conhecimento seja posterior à decisão.

2 – A ação destinada a obter a emenda da partilha é apensada ao processo de inventário.

Artigo 72º – Anulação

1 – Salvos os casos de recurso extraordinário, a anulação da partilha confirmada por decisão que se tenha tornado definitiva só pode ser decretada quando tenha havido preterição ou falta de intervenção de algum dos co-herdeiros e se mostre que os outros interessados procederam com dolo ou má-fé, seja quanto à preterição, seja quanto ao modo como a partilha foi preparada.

2 – A anulação deve ser pedida por meio de ação à qual é aplicável o disposto no nº 2 do artigo anterior.

Artigo 73º – Composição do quinhão ao herdeiro preterido

1 – Não se verificando os requisitos do artigo anterior ou preferindo o herdeiro preterido que o seu quinhão seja composto em dinheiro, este requer no processo de inventário que seja convocada a conferência de interessados para se determinar o montante do seu quinhão.

2 – Se os interessados não chegarem a acordo, observam-se as seguintes regras:

a) Consigna-se no auto quais os bens sobre cujo valor se verifica divergência;

b) Esses bens são avaliados novamente e sobre eles pode ser requerida segunda avaliação;

c) Em seguida, fixa-se a importância a que o herdeiro tem direito.

3 – É organizado novo mapa de partilha para fixação das alterações que sofre o primitivo mapa em consequência dos pagamentos necessários para o preenchimento do quinhão do preterido.

4 – Feita a composição do quinhão, o herdeiro pode requerer que os devedores sejam notificados para efetuar o pagamento, sob pena de ficarem obrigados a compor-lhe em bens a parte respetiva, sem prejuízo, porém, das alienações já efetuadas.

5 – Se não for exigido o pagamento, é aplicável o disposto no nº 4 do artigo 62º.

SUBSECÇÃO III – Partilha adicional e recursos

Artigo 74º – Inventário do cônjuge supérstite
1 – Ao inventário do cônjuge supérstite é apensado o processo de inventário por óbito do cônjuge predefunto.

2 – Se o inventário do cônjuge predefunto tiver corrido em tribunal judicial o notário solicita a remessa do respetivo processo.

Artigo 75º – Partilha adicional
1 – Quando se reconheça, depois de feita a partilha, que houve omissão de alguns bens, procede-se no mesmo processo a partilha adicional, com observância, na parte aplicável, do que se acha disposto nesta subsecção e nas anteriores.

2 – No inventário a que se proceda por óbito do cônjuge supérstite são descritos e partilhados os bens omitidos no inventário do cônjuge predefunto, quando a omissão só venha a descobrir-se por ocasião daquele inventário.

Artigo 76º – Regime dos recursos
1 – Da decisão homologatória da partilha cabe recurso, aplicando-se, com as necessárias adaptações, o regime de recursos previsto no Código de Processo Civil.

2 – Salvo nos casos em que cabe recurso de apelação nos termos do Código de Processo Civil, as decisões interlocutórias proferidas no âmbito dos mesmos processos devem ser impugnadas no recurso que vier a ser interposto da decisão de partilha.

SUBSECÇÃO IV – Partilha de bens em casos especiais

Artigo 77º – Inventário em consequência de justificação de ausência
1 – Para deferimento da curadoria e entrega dos bens do ausente, o inventário segue os termos previstos nos capítulos anteriores.

2 – São citadas para o inventário e intervêm nele as pessoas designadas no artigo 100º do Código Civil.

3 – Nos 20 dias seguintes à citação, qualquer dos citados pode deduzir oposição quanto à data da ausência ou das últimas notícias do ausente, constante do processo, indicando a que considera exata.

HERANÇAS & PARTILHAS

4 – Quem se julgue com direito à entrega de bens, independentemente da partilha, pode requerer a sua entrega imediata e a decisão que a ordene nomeia os interessados curadores definitivos quanto a esses bens.

5 – A decisão de inventário defere a quem compete a curadoria definitiva dos bens que não tiverem sido entregues nos termos do número anterior.

6 – Quando o notário exija caução a algum curador definitivo e este a não preste, é ordenada no mesmo processo a entrega dos bens a outro curador.

Artigo 78º – Aparecimento de novos interessados

1 – A partilha e as entregas feitas podem ser alteradas no processo a que se refere o artigo anterior, a requerimento de herdeiro ou interessado que mostre dever excluir algum dos curadores nomeados ou concorrer com eles à sucessão, relativamente à data das últimas notícias do ausente, sendo os curadores notificados para responder.

2 – As provas são oferecidas com o requerimento e as respostas.

3 – Na falta de resposta, é ordenada a emenda, deferindo-se a curadoria de harmonia com ela.

4 – Havendo oposição, a questão é decidida pelo notário.

Artigo 79º – Inventário em consequência de separação, divórcio, declaração de nulidade ou anulação de casamento

1 – Decretada a separação judicial de pessoas e bens ou o divórcio, ou declarado nulo ou anulado o casamento, qualquer dos cônjuges pode requerer inventário para partilha os bens, salvo se o regime de bens do casamento for o de separação.

2 – As funções de cabeça-de-casal incumbem ao cônjuge mais velho.

3 – O inventário segue os termos prescritos nas secções e subsecções anteriores, sem prejuízo de o notário, em qualquer estado da causa, poder remeter o processo para mediação, relativamente à partilha de bens garantidos por hipoteca, salvo quando alguma das partes expressamente se opuser a tal remessa, aplicando-se, com as necessárias adaptações, o disposto no Código de Processo Civil relativo à mediação e suspensão da instância.

4 – Verificando-se a impossibilidade de acordo na mediação, o mediador dá conhecimento desse facto ao cartório notarial, preferencialmente por via eletrónica.

5 – Alcançando-se acordo na mediação, o mesmo é remetido ao cartório notarial, preferencialmente por via eletrónica.

Artigo 80º – Responsabilidade pelas custas

1 – As custas inerentes ao inventário, se forem devidas, são pagas por ambos os cônjuges, na proporção de metade para cada um, salvo se algum deles não satisfizer em tempo esse pagamento.

2 – O outro cônjuge pode assumir integralmente o encargo de pagar a totalidade das custas, caso em que beneficia do direito de regresso sobre o montante que pagou a mais.

Artigo 81º – Processo para a separação de bens em casos especiais

1 – Requerendo-se a separação de bens nos casos de penhora de bens comuns do casal, nos termos do Código de Processo Civil, ou tendo de proceder -se a separação por virtude da insolvência de um dos cônjuges, aplica-se o disposto no regime do processo de inventário em consequência de separação, divórcio, declaração de nulidade ou anulação do casamento, com as seguintes especificidades:

a) O exequente, nos casos de penhora de bens comuns do casal, ou qualquer credor, no caso de insolvência, tem o direito de promover o andamento do inventário;

b) Não podem ser aprovadas dívidas que não estejam devidamente documentadas;

c) O cônjuge do executado ou insolvente tem o direito de escolher os bens com que deve ser formada a sua meação e, se usar desse direito, são notificados da escolha os credores, que podem reclamar contra ela, fundamentando a sua reclamação.

2 – Se julgar atendível a reclamação, o notário ordena avaliação dos bens que lhe pareçam mal avaliados.

3 – Quando a avaliação modifique o valor dos bens escolhidos pelo cônjuge do executado ou insolvente, aquele pode declarar que desiste da escolha e, nesse caso, ou não tendo ele usado do direito de escolha, as meações são adjudicadas por meio de sorteio.

CAPÍTULO III – Disposições complementares e finais

Artigo 82º – Legislação subsidiária

Em tudo o que não esteja especialmente regulado na presente lei, é aplicável o Código de Processo Civil e respetiva legislação complementar.

Artigo 83º – Taxas, honorários e multas

1 – Pela remessa do processo ao tribunal no âmbito do regime jurídico do processo de inventário é devida taxa de justiça correspondente à prevista na tabela II do Regulamento das Custas Processuais, aprovado pelo Decreto-Lei nº 34/2008, de 26 de fevereiro, para os incidentes/procedimentos anómalos, podendo a final o juiz determinar, sempre que as questões revistam especial complexidade, o pagamento de um valor superior dentro dos limites estabelecidos naquela tabela.

2 – São regulados por portaria do membro do Governo responsável pela área da justiça os honorários notariais devidos pelo processo de inventário, o respetivo regime de pagamento e a responsabilidade pelo seu pagamento.

3 – As multas previstas na presente lei revertem a favor do Instituto de Gestão Financeira e Equipamentos da Justiça, I. P.

Artigo 84º – Apoio judiciário

1 – Ao processo de inventário é aplicável, com as necessárias adaptações, o regime jurídico do apoio judiciário.

2 – Nos casos de dispensa de taxa de justiça e demais encargos com o processo, o regime de pagamento dos honorários e a responsabilidade pelos mesmos são regulados por portaria do membro do Governo responsável pela área da justiça.

Portaria nº 46/2015, de 23 fevereiro

No seguimento do disposto no Memorando de Entendimento sobre as Condicionalidades de Política Económica, celebrado entre a República Portuguesa e o Banco Central Europeu, a União Europeia e o Fundo Monetário Internacional, no quadro do programa de auxílio financeiro a Portugal, que previa o reforço da utilização dos processos extrajudiciais existentes para ações de partilha de imóveis herdados, a Lei nº 23/2013, de 5 de março, aprovou o novo regime jurídico do inventário, no qual a competência para o processamento dos atos e termos do processo de inventário é atribuída aos notários, sem prejuízo de as questões que, atenta a sua natureza ou a complexidade da matéria de facto e de direito, não devam ser decididas no processo de inventário, serem decididas pelo juiz do tribunal da comarca do cartório notarial onde o processo foi apresentado.

A Lei nº 23/2013 foi objeto de regulamentação através da Portaria nº 278/2013, de 26 de agosto, que regulamenta matérias como a apresentação de peças processuais por via eletrónica, o modelo de requerimento de inventário, a realização de notificações, comunicações e a tramitação por via eletrónica ou o regime das custas, incluindo dos honorários notariais.

Prevê ainda a Portaria nº 278/2013, no seu artigo 30º, a sua revisão em função da avaliação trimestral realizada durante o seu primeiro ano de aplicação. Essa monitorização foi realizada pelo Ministério da Justiça, em colaboração com outras entidades, nomeadamente a Ordem dos

Notários, tendo sido identificadas algumas áreas onde é possível efetuar ajustamentos e melhoramentos ao regime atualmente em vigor, o que se faz através da presente portaria.

Entre as alterações agora previstas, aquela que assume uma maior dimensão diz respeito ao regime de pagamentos de honorários e despesas nos casos de apoio judiciário. Isto porque se procede a uma regulamentação mais profunda nesta matéria, assente na ideia de que, nos casos em que tenha sido concedido apoio judiciário na modalidade de dispensa de pagamento da taxa de justiça e demais encargos com o processo, ou na modalidade de pagamento faseado de taxa de justiça e demais encargos com o processo, os honorários notariais devem ser suportados por um fundo criado pela Ordem dos Notários especificamente para esse efeito, enquanto as despesas ocorridas durante o processo devem ser suportadas pelo Ministério da Justiça, através do Instituto de Gestão Financeira e de Equipamentos da Justiça, I. P.

É ainda previsto um regime transitório, que determina que até ter decorrido um período temporal de 18 meses após a criação do fundo pela Ordem dos Notários, o pagamento de honorários notariais é suportado pelo Instituto de Gestão Financeira e de Equipamentos da Justiça, I. P.

O estabelecimento do referido lapso temporal visa possibilitar que o fundo reúna a dotação que lhe permita fazer face às respetivas obrigações, considerando que no momento da sua criação não disporá de tal dotação.

Também o regime de custas do processo de inventário é objeto de alterações relevantes.

A primeira delas, efetuada por uma questão de justiça e de igualdade entre as partes, diz respeito à responsabilidade pelo pagamento dos honorários e despesas do processo. Sendo certo que essa responsabilidade, no final do processo, é definida nos termos previstos no artigo 67º do regime jurídico do processo de inventário aprovado pela Lei nº 23/2013, de 5 de março, é agora estabelecido um regime que determina que os pagamentos que forem efetuados durante o processo devem ser suportados igualmente por todas as partes, exceto no que respeita às despesas, que devem ser suportadas pela parte que beneficia do ato que dá origem à despesa.

Outra alteração relevante diz respeito ao momento de pagamento das diversas prestações de honorários notariais, bem como à previsão da possibilidade de serem tidas em conta na fixação do montante de cada prestação eventuais correções ao valor do inventário que tenham sido efetuadas pelo notário, em função naturalmente da informação constante do processo.

No que respeita aos honorários previstos para os incidentes em que o valor dos honorários seja, de acordo com o previsto na coluna A da tabela constante do Anexo II, variável, determina-se ainda que a fixação desse valor passa a ser realizada pelo notário, podendo, no entanto, o interessado reclamar para o juiz desse ato. Neste âmbito, eliminam-se ainda as isenções anteriormente previstas para os incidentes de reclamação contra a relação de bens e de reclamação contra o mapa de partilhas.

A quarta alteração relevante, também introduzida por motivos de justiça e igualdade entre as partes, consiste na previsão de custas de parte no processo de inventário. Esta solução permite que, no processo de inventário, a parte que teve custos que, por algum motivo, não se enquadraram no regime de despesas, mas que foram contrapartida de atos relevantes para o sucesso do processo e que foram do interesse de todos as partes (como, por exemplo, certidões de testamentos ou de convenções antenupciais necessárias à instrução do processo), seja ressarcida desses custos pelas restantes partes, em função da responsabilidade de cada uma pelos custos do processo.

Já no que respeita aos incidentes, o regime de custas de parte assume uma formulação mais próxima da prevista para os processos judiciais, consistindo numa compensação à parte vencedora do incidente pelos custos que teve com o mesmo.

Altera-se ainda o regime de isenções previstas, sendo este substituído por um regime de dispensa do pagamento prévio das custas, em que a parte não paga custas no início ou durante o processo, devendo fazê-lo apenas no final do mesmo. No entanto, o montante que no final a parte deve pagar a título de custas não pode ultrapassar o montante recebido no âmbito da partilha.

Outras alterações agora efetuadas estão relacionadas com a prática de atos e a tramitação eletrónica do processo, nomeadamente no que respeita à entrega do requerimento de inventário em casos de urgência sem que tenha havido ainda decisão quanto ao pedido de apoio judiciário (aproximando o regime previsto na portaria ao regime previsto no Código de Processo Civil), ao regime de retificação das peças processuais, e ao regime de comunicações entre o notário e o tribunal.

HERANÇAS & PARTILHAS

Ainda, passa a especificar-se que em sede de encerramento do processo de inventário serão emitidas tantas certidões quantos forem os interessados intervenientes no processo, condicionando-se a referida emissão ao comprovativo de pagamento dos honorários e despesas devidas ao notário por cada interessado.

Por fim, e para além de pequenas correções ao modelo do requerimento de inventário previsto no Anexo III, procedeu-se à alteração dos Anexos I e II da Portaria n.º 278/2013, ou seja, das tabelas que preveem os montantes de honorários quer para os processos de inventário quer para os incidentes, fixando esses honorários em unidades de conta, o que permitirá a sua atualização automática, nos mesmos termos em que sucede a atualização da taxa de justiça em processos que corram nos tribunais judiciais.

Foi promovida a audição do Conselho Superior da Magistratura, do Conselho Superior do Ministério Público, do Conselho Superior dos Tribunais Administrativos e Fiscais, da Ordem dos Advogados, da Câmara dos Solicitadores, da Associação Sindical dos Juízes Portugueses, do Sindicato dos Magistrados do Ministério Público, do Conselho dos Oficiais de Justiça, do Sindicato dos Oficiais de Justiça, do Sindicato dos Funcionários Judiciais, da Ordem dos Notários, do Sindicato dos Trabalhadores dos Registos e do Notariado, da Associação Sindical dos Conservadores dos Registos e da Associação Sindical dos Oficiais dos Registos e Notariado.

Foi ouvida a Comissão Nacional de Proteção de Dados.

Assim:

Manda o Governo, pela Ministra da Justiça, ao abrigo do disposto no n.º 1 do artigo 6.º, no n.º 2 do artigo 21.º, no n.º 4 do artigo 47.º, no n.º 3 do artigo 67.º, no n.º 2 do artigo 83.º, no n.º 2 do artigo 84.º todos do regime jurídico do processo de inventário aprovado pela Lei n.º 23/2013, de 5 de março, o seguinte:

CAPÍTULO I – Disposição geral

Artigo 1.º – Objeto

A presente portaria procede à primeira alteração da Portaria n.º 278/2013, de 26 de agosto, que regulamenta o processamento dos atos e os termos do processo de inventário nos cartórios notariais, no âmbito do Regime Jurídico do Processo de Inventário aprovado pela Lei nº 23/2013, de 5 de março.

CAPÍTULO II – Alterações à Portaria nº 278/2013, de 26 de agosto

Artigo 2º – Alteração à Portaria nº 278/2013, de 26 de agosto
Os artigos 1º, 2º, 5º, 8º, 9º, 10º, 16º, 18º, 19º, 20º, 21º, 22º, 23º e 25º da Portaria nº 278/2013, de 26 de agosto, passam a ter a seguinte redação:

«Artigo 1º – [...]
A presente portaria regulamenta:
a) [...]
b) [...]
c) [...]
d) [*Revogada*];
e) [...]
f) [...]
g) [...]
h) O regime de pagamento dos honorários notariais e das despesas e a responsabilidade pelos mesmos nos processos de inventário em que tenha sido concedido apoio judiciário na modalidade de dispensa de pagamento da taxa de justiça ou na modalidade de pagamento faseado da taxa de justiça e demais encargos com o processo.

Artigo 2º – [...]
1 – O processo de inventário é tramitado preferencialmente por via eletrónica, pelos notários, em sistema informático definido pela Ordem dos Notários, que deve obedecer ao disposto na Lei nº 23/2013, de 5 de março e na presente portaria.
2 – [...].
3 – [...].
4 – [...].
5 – [...].
6 – [...].

Artigo 5º – [...]

1 – [...].

2 – [...].

3 – Independentemente da forma de apresentação do requerimento de inventário, o mesmo só se considera apresentado na data em que for efetuado o pagamento da 1ª prestação dos honorários do notário, ou em que foi entregue o documento comprovativo da concessão de apoio judiciário nas modalidades de dispensa de taxa de justiça e demais encargos com o processo ou de pagamento faseado de taxa de justiça e demais encargos com o processo.

4 – Em caso de urgência, o requerente pode apresentar, em substituição do documento comprovativo da concessão de apoio judiciário previsto no número anterior, documento comprovativo do pedido de apoio judiciário ainda não decidido, ficando o processo, após dar entrada, a aguardar a decisão da concessão do apoio judiciário.

5 – Nos casos previstos no número anterior, caso o pedido de apoio judiciário não seja decidido favoravelmente, o pagamento da 1ª prestação de honorários deve ser efetuado no prazo de 10 dias a contar da data de notificação da decisão definitiva que indefira o pedido de apoio judiciário.

Artigo 8º – [...]

1 – [...].

2 – Caso os elementos referidos no número anterior não possam ser obtidos oficiosamente pelo cartório notarial, ou os documentos necessários não tenham sido entregues corretamente, devem ser notificados os interessados já citados para, em 10 dias, corrigir ou completar o requerimento ou outra peça processual ou para fazerem prova de que solicitaram os documentos em falta.

3 – Findo o prazo referido no número anterior sem que os interessados pratiquem os atos aí previstos, o notário pode, nos termos do artigo 19º do regime jurídico do processo de inventário aprovado pela Lei nº 23/2013, de 5 de março, determinar o arquivamento do processo, não havendo, no caso de arquivamento, direito a qualquer devolução de honorários já pagos.

4 – [*Revogado*].

PORTARIA Nº 46/2015, DE 26 FEVEREIRO

Artigo 9º – [...]

1 – As notificações efetuadas pelo cartório notarial aos mandatários dos interessados que já tenham intervindo no processo são realizadas através do sistema informático de tramitação do processo de inventário, para área de acesso exclusivo do mandatário no referido sistema, considerando-se o mandatário notificado no 3º dia após a disponibilização da notificação na sua área de acesso exclusivo, ou no 1º dia útil seguinte a esse, quando o não seja.

2 – [...].

3 – [...].

4 – Os atos previstos no número anterior são elaborados através do sistema informático de tramitação do processo de inventário, com aposição de assinatura eletrónica do seu autor.

5 – Quando a citação ou a notificação tenha sido elaborada nos termos definidos no número anterior, a versão em suporte de papel contém a indicação de ter sido assinada naqueles termos.

Artigo 10º – Comunicação com o tribunal e com agente de execução

1 – As comunicações entre o notário e o tribunal, incluindo o envio do processo a tribunal em todas as situações previstas no regime jurídico do processo de inventário aprovado pela Lei nº 23/2013 de 5 de março, bem como a notificação ao notário da decisão final do juiz nessas situações são efetuadas através do sistema informático de tramitação do processo de inventário e do sistema informático de suporte à atividade dos tribunais, nos termos definido por protocolo celebrado entre a Ordem dos Notários, o Instituto de Gestão Financeira e Equipamentos da Justiça, I. P. (IGFEJ), e a Direção-Geral da Administração da Justiça.

2 – A solução definida no protocolo previsto na parte final do número anterior deve garantir a comunicação entre o sistema informático de tramitação do processo de inventário e o sistema informático de suporte à atividade dos tribunais em todos os casos previstos no regime jurídico do processo de inventário aprovado pela Lei nº 23/2013, de 5 de março, bem como a integralidade, autenticidade e inviolabilidade dos processos e das respetivas comunicações.

3 – As comunicações entre o notário e o agente de execução, nomeadamente para efeito de realização de citações e notificações nos termos previstos no nº 3 do artigo 6º do regime jurídico do processo de inven-

HERANÇAS & PARTILHAS

tário aprovado pela Lei nº 23/2013, 5 de março, devem ser efetuadas, preferencialmente, por via eletrónica, nos termos a estabelecer por protocolo entre a Ordem dos Notários e a Câmara dos Solicitadores.

4 – Os protocolos a celebrar ao abrigo dos números 1 e 3 são sujeitos a parecer prévio da Comissão Nacional de Proteção de Dados.

Artigo 16º – Dispensa de pagamento prévio das custas

1 – Estão dispensadas de pagamento prévio das custas pela tramitação do processo de inventário as pessoas e entidades previstas no nº 1 do artigo 4º do Regulamento das Custas Processuais, aprovado pelo Decreto-Lei nº 34/2008, de 26 de fevereiro.

2 – Nos casos previstos no número anterior, o pagamento dos honorários dos notários e as despesas são inicialmente suportados pelo fundo previsto no artigo 26º-A e pelo IGFEJ, respetivamente, aplicando-se com as necessárias adaptações o disposto no capítulo VI e sendo estas entidades posteriormente ressarcidas dos montantes que suportaram nos termos dos números seguintes.

3 – Nos casos previstos nos números anteriores, o pagamento das custas pela parte é efetuado apenas no final do processo, não sendo devido o montante das custas que ultrapasse o valor dos bens, das tornas ou das indemnizações que lhe couberam na partilha.

4 – Caso o pagamento efetuado pela parte não seja suficiente, em virtude do disposto na parte final do número anterior, para ressarcir na totalidade o fundo previsto no artigo 26º-A e o IGFEJ, é esse montante distribuído entre as duas entidades proporcionalmente em função dos montantes que adiantaram nos termos do nº 2.

Artigo 18º – [...]

1 – [...].

2 – Os honorários notariais devidos pelo processo de inventário são os constantes do Anexo I da presente portaria, que dela faz parte integrante, sendo devidos conjuntamente por todos os interessados, nos termos do artigo seguinte.

3 – [...].

4 – [...].

5 – Nos incidentes pelos quais, nos termos da coluna A da tabela constante do Anexo II, os honorários devidos sejam de valor variável, a fixação dos honorários é efetuada pelo notário, na decisão do incidente.

PORTARIA Nº 46/2015, DE 26 FEVEREIRO

6 – Os honorários devidos pelo processo de inventário devem ser pagos nos seguintes termos:

a) 1ª Prestação – devida no momento da apresentação do requerimento inicial, no valor de metade dos honorários devidos tendo em consideração o valor do inventário indicado pelo requerente;

b) 2ª Prestação – devida nos 10 dias posteriores à notificação para a conferência preparatória, no valor da diferença entre o montante dos honorários devidos tendo em consideração o valor do inventário eventualmente corrigido a essa data e o montante já pago nos termos da alínea anterior;

c) 3ª Prestação – devida nos 10 dias posteriores à notificação pelo notário para o efeito, após a decisão homologatória da partilha pelo juiz, no valor da diferença entre o montante devido a título de honorários nos termos do nº 2 e, se for o caso, do nº 4, tendo em consideração o valor final do processo de inventário, e o montante já pago nos termos das alíneas anteriores.

7 – [*Revogado*].

8 – Nos casos em que o processo termine, por qualquer causa:

a) Antes da realização da primeira sessão da conferência preparatória, é devida ao notário a 1ª prestação por inteiro, sendo que, caso o valor do processo tenha sido corrigido após o pagamento da 1ª prestação, o montante desta deve ser atualizado, procedendo-se:

i) Caso o valor do processo tenha aumentado, ao pagamento da diferença entre o valor da 1ª prestação calculado tendo em conta o valor atualizado do processo e o valor já pago a título de 1ª prestação, no prazo de 10 dias após a notificação pelo notário para o efeito;

ii) Caso o valor do processo tenha diminuído, à devolução, pelo notário, do montante pago em excesso pelos interessados, considerando o valor da 1ª prestação calculado com base no valor atualizado do processo;

b) Após o início da conferência preparatória, mas antes da decisão homologatória do juiz, é devida ao notário a 2ª prestação por inteiro, sendo que, caso o valor do processo tenha sido corrigido após o pagamento da 2ª prestação, o montante da 2ª prestação deve ser atualizado, procedendo-se:

i) Caso o valor do processo tenha aumentado, ao pagamento da diferença entre o valor da 2ª prestação calculado tendo em conta o valor

HERANÇAS & PARTILHAS

atualizado do processo e o valor já pago a título de 2ª prestação, no prazo de 10 dias após a notificação pelo notário para o efeito;

ii) Caso o valor do processo tenha diminuído, à devolução, pelo notário, do montante pago em excesso pelos interessados, considerando o valor da 2ª prestação calculado com base no valor atualizado do processo.

9 – Os honorários devidos pelos incidentes aos quais não se apliquem o disposto no nº 5 devem ser pagos nos seguintes termos:

a) [...]

b) 2ª Prestação – devida nos 10 dias posteriores à notificação pelo notário para o efeito, após a decisão do incidente, no valor idêntico ao previsto na alínea anterior para a 1ª prestação.

10 – Os honorários devidos pelos incidentes aos quais se apliquem honorários de valor variável nos termos da coluna A da tabela constante do Anexo II são pagos nos seguintes termos:

a) [...]

b) 2ª Prestação – devida nos 10 dias posteriores à notificação pelo notário para o efeito, após a decisão do incidente, no valor da diferença entre o montante fixado pelo notário nos termos do nº 5, e o montante já pago nos termos da alínea anterior.

11 – O interessado notificado para proceder ao pagamento da 2ª prestação prevista na alínea *b*) do número anterior pode reclamar para o notário do montante de honorários fixado.

12 – O notário que não proceda à alteração do montante de honorários do incidente nos termos requeridos pelo interessado deve requerer ao juiz, no momento da remessa do processo de inventário para o tribunal para efeitos da homologação da partilha prevista no nº 1 do artigo 66º do regime jurídico do processo de inventário aprovado pela Lei nº 23/2013, de 5 de março, a fixação do valor desses honorários, não procedendo o interessado ao seu pagamento até à decisão do juiz.

13 – O juiz, apreciadas as circunstâncias do caso concreto, pode condenar em multa, nos termos gerais, o interessado, quando a reclamação seja considerada improcedente, ou o notário, quando a reclamação seja julgada procedente.

14 – Os honorários fixados pelo juiz nos termos do nº 12 são pagos pelo interessado no momento do pagamento da 3ª prestação dos honorários devidos pelo processo de inventário, nos termos da alínea *c*) do nº 6.

15 – Nos casos em que, ao abrigo do disposto no nº 4, o notário reque-reu a aplicação dos valores de honorários previstos para os incidentes de especial complexidade e a mesma foi determinada pelo juiz, há lugar ao pagamento da 3ª prestação dos honorários devidos pelo incidente, a pa-gar no momento do pagamento da 3ª prestação dos honorários devidos pelo processo de inventário, nos termos da alínea *c*) do nº 6, no valor da diferença entre o montante determinado pelo juiz e o montante já pago a título de 1ª e 2ª prestações.

Artigo 19º – [...]

1 – Sem prejuízo do disposto no artigo 67º do regime jurídico do pro-cesso de inventário aprovado pela Lei nº 23/2013, de 5 de março, a res-ponsabilidade pelo pagamento dos honorários devidos pelo processo de inventário é dos interessados, nos seguintes termos:

a) A 1ª prestação é devida na sua totalidade pelo requerente;

b) A 2ª prestação é devida, em igual percentagem, por todos os inte-ressados, exceto pelo requerente, relativamente ao qual, para efeito de cálculo da sua responsabilidade, é tido em consideração o montante pago nos termos da alínea anterior;

c) A 3ª prestação, quando exista, é da responsabilidade de todos os interessados, na proporção e nos termos previstos no artigo 67º do re-gime jurídico do processo de inventário aprovado pela Lei nº 23/2013, de 5 de março, e tendo em consideração os montantes pagos nos termos das alíneas anteriores.

2 – Para efeitos do disposto na alínea *b*) do número anterior, cada inte-ressado que não seja o requerente paga até ao valor pago por este a título de 1ª prestação, devendo o remanescente, caso exista, ser pago em igual montante por todos os interessados, incluindo o requerente.

3 – Nos casos em que o responsável não proceda ao pagamento da sua percentagem da 2ª ou da 3ª prestação nos prazos definidos no nº 6 do artigo anterior, o notário procede à notificação de todos os demais inte-ressados para, querendo, efetuarem o pagamento em falta.

4 – Ultrapassados os prazos previstos para os pagamentos das presta-ções sem que estes tenham sido realizados na íntegra, o notário pode sus-pender o processo de inventário e proceder ao arquivamento do mesmo, nos termos do artigo 19º do regime jurídico do processo de inventário aprovado pela Lei nº 23/2013, de 5 de março.

5 – Qualquer interessado pode, em qualquer fase do processo, declarar que, a partir desse momento, efetua o pagamento da totalidade dos honorários em representação dos restantes interessados.

6 – O interessado que, em virtude da aplicação do disposto no nº 1 ou por se ter substituído a outro interessado no pagamento dos honorários nos termos do nº 3 ou do número anterior, tiver pago a título de honorários um montante superior ao da sua responsabilidade, calculada nos termos e nas proporções previstas no artigo 67º do regime jurídico do processo de inventário aprovado pela Lei nº 23/2013, de 5 de março, tem direito de regresso relativamente aos demais responsáveis pelas custas devidas pela tramitação do processo de inventário.

Artigo 20º – Meios de pagamento

1 – [...].

2 – O pagamento da 2ª prestação de honorários é efetuado através de qualquer forma admissível, incluindo através de referência multibanco que o notário remete aos responsáveis pelo pagamento juntamente com a notificação para a conferência preparatória.

3 – O pagamento da 3ª prestação é efetuado através de qualquer forma admissível, incluindo através de referência multibanco, remetida pelo notário aos responsáveis pelo pagamento com a notificação da nota final de honorários e despesas.

4 – [...].

5 – [...].

Artigo 21º – [...]

1 – O notário é pago, nos termos dos números seguintes, das despesas do processo, as quais deve comprovar devidamente no processo, designadamente:

a) Despesas de correio com citações e notificações não efetuadas eletronicamente;

b) Os encargos decorrentes da colaboração de autoridades administrativas ou policiais, nos termos do disposto no nº 4 do artigo 27º do regime jurídico do processo de inventário aprovado pela Lei nº 23/2013, de 5 de março;

c) As despesas de transporte e ajudas de custo para as diligências relativas ao processo;

PORTARIA Nº 46/2015, DE 26 FEVEREIRO

d) Os pagamentos devidos ou pagos a quaisquer entidades pela produção ou entrega de documentos, realização de registos, prestação de serviços ou atos análogos, requisitados pelo notário a requerimento ou oficiosa e fundamentadamente, salvo quando se trate de certidões extraídas gratuitamente pelo cartório;

e) As retribuições devidas a quem interveio acidentalmente;

f) As compensações devidas a testemunhas, calculadas nos termos previstos no Regulamento das Custas Processuais, com as devidas adaptações;

g) A remuneração de peritos, tradutores, intérpretes e consultores técnicos, efetuada nos termos do disposto no Regulamento das Custas Processuais com as devidas adaptações;

h) A taxa de justiça devida pela remessa a tribunal do processo de inventário, nos termos estabelecidos no regime jurídico do processo de inventário aprovado pela Lei nº 23/2013, de 5 de março.

2 – [...].

3 – [...].

Artigo 22º – [...]

1 – Sem prejuízo do disposto no artigo 67º do regime jurídico do processo de inventário aprovado pela Lei nº 23/2013, de 5 de março, a responsabilidade pelo pagamento das despesas é do interessado que requereu a prática do ato gerador da despesa ou, caso tal ato não tenha sido requerido por nenhum interessado, do requerente do inventário.

2 – Nos casos em que o responsável pelo pagamento da despesa não procede ao pagamento da mesma nos 10 dias posteriores à notificação para esse efeito, o notário procede à notificação de todos os demais interessados para, querendo, efetuarem o pagamento em falta.

3 – Findo o processo, o interessado que pagou a despesa tem direito de regresso relativamente aos demais responsáveis pelas custas devidas pela tramitação do inventário, nos termos e nas proporções previstas no artigo 67º do regime jurídico do processo de inventário aprovado pela Lei nº 23/2013, de 5 de março.

Artigo 23º – [...]

1 – Após o trânsito em julgado da decisão homologatória da partilha, o notário elabora nota final de honorários e despesas onde procede:

HERANÇAS & PARTILHAS

a) Ao cálculo do valor final dos honorários tendo em conta o valor final do processo e dos respetivos incidentes e a eventual decisão do juiz prevista nos nºs 4 e 12 do artigo 18º;

b) Ao cálculo do montante da 3ª prestação dos honorários devidos pelo processo de inventário nos termos da alínea *c*) do nº 6 do artigo 18º e, se for o caso, dos honorários fixados nos termos do nº 14 do artigo 18º e da 3ª prestação dos honorários devidos pelo incidente, nos termos do nº 15 do artigo 18º;

c) Ao cálculo da proporção das custas devidas por cada um dos interessados, nos termos previstos no artigo 67º do regime jurídico do processo de inventário aprovado pela Lei nº 23/2013, de 5 de março, e na presente portaria;

d) À identificação de todos os montantes devidos, já pagos ou ainda por liquidar, e à identificação dos responsáveis pelo seu pagamento, e, sendo o caso, a indicação de o pagamento ter sido feito por um dos interessados em substituição de outro nos termos do disposto nos nºs 3 e 5 do artigo 19º e no nº 2 do artigo anterior.

2 – Quando, após se determinar o montante devido por cada um dos interessados, nos termos da alínea *c*) do número anterior, se concluir que algum dos interessados procedeu anteriormente ao pagamento, a título de honorários ou despesas, de um montante superior à sua responsabilidade pelas custas, não há lugar à devolução pelo notário do montante pago em excesso, tendo o interessado direito de regresso relativamente aos demais responsáveis pelas custas, na proporção da responsabilidade de cada um.

3 – [*Anterior nº 2.*]

4 – [*Anterior nº 3.*]

Artigo 25º – [...]

1 – Emitida a nota final de honorários e despesas, e após o pagamento da 3ª prestação de honorários, se esta for devida, e de eventuais despesas em falta, o cartório notarial procede ao encerramento do processo de inventário, competindo-lhe em exclusivo emitir as respetivas certidões relativamente a cada um dos interessados.

2 – As certidões referidas na parte final do número anterior apenas são emitidas, relativamente a cada interessado, depois de comprovado o pagamento dos honorários e despesas devidos ao notário por esse inte-

ressado, podendo o notário exercer direito de retenção sobre todos os bens, tornas e indemnizações do interessado que não procedeu ao respetivo pagamento.»

Artigo 3º – Aditamento à Portaria nº 278/2013, de 26 de agosto

São aditados à Portaria nº 278/2013, de 26 de agosto, os artigos 24º-A a 24º-C e 26º-A a 26º-I, com a seguinte redação:

«Artigo 24º-A – Custas de parte

1 – O interessado que tenha tido custos com o processo, relevantes para o correto desenrolar do mesmo, do interesse de todas as partes e que não se enquadram no regime de despesas previsto nos artigos 21º e 22º, tem direito a ser ressarcido dessas despesas pelos restantes interessados, em função da proporção da responsabilidade de cada um, calculada nos termos do artigo 67º do regime jurídico do processo de inventário aprovado pela Lei nº 23/2013, de 5 de março.

2 – O disposto no número anterior aplica-se, designadamente, às despesas previstas no artigo 23º e no nº 3 do artigo 24º do regime jurídico do processo de inventário aprovado pela Lei nº 23/2013, de 5 de março.

3 – Para efeito do disposto nos números anteriores, no prazo de 10 dias após a notificação da nota final de honorários e despesas, e sem prejuízo do disposto no artigo anterior, o interessado remete ao notário e aos demais interessados nota discriminativa e justificativa, acompanhada dos respetivos documentos comprovativos, da qual consta o montante total de custos que suportou, bem como o montante devido por cada um dos interessados, em função da proporção das respetivas responsabilidades.

4 – Os montantes referidos na parte final do número anterior são pagos diretamente à parte que os reclama.

Artigo 24º-B – Reclamação da nota discriminativa e justificativa

1 – O interessado que não concorde com a nota discriminativa e justificativa apresentada nos termos do artigo anterior, nomeadamente por não concordar com a qualificação dos custos efetuada ou com o cálculo relativo à proporção da responsabilidade de cada interessado, pode apresentar reclamação da nota no prazo de 10 dias após a notificação da mesma, devendo o notário decidir esse incidente em igual prazo.

HERANÇAS & PARTILHAS

2 – A reclamação da nota discriminativa e justificativa está sujeita ao depósito da totalidade do valor da responsabilidade do reclamante previsto na nota.

3 – Da decisão proferida cabe recurso para o juiz se o valor da responsabilidade do interessado exceder os € 5 000.

Artigo 24º-C – Custas de parte nos incidentes

1 – São igualmente devidas custas de parte nos incidentes, nos termos previstos no presente artigo.

2 – Para efeitos do disposto no número anterior, o notário, na decisão que ponha fim ao incidente, condena em custas a parte que a elas houver dado causa ou, não havendo vencimento, quem do incidente tirou proveito.

3 – Entende-se que dá causa às custas do incidente a parte vencida, na proporção em que o for.

4 – As custas da parte vencedora no incidente são suportadas pela parte vencida, na proporção do seu decaimento, determinado nos termos dos números anteriores.

5 – Compreendem-se nas custas de parte a serem pagas pela parte vencida:

a) Os valores dos honorários devidos pelo incidente suportados pela parte vencedora, na proporção do vencimento;

b) Os valores pagos pela parte vencedora a título de despesas;

c) Compensação da parte vencedora face às despesas com honorários do mandatário, até ao montante de 50% do somatório dos honorários do notário devidos pelo incidente pagos pela parte vencida e pela parte vencedora.

6 – Até cinco dias após a decisão do notário que põe termo ao incidente, a parte vencedora remete ao notário e aos demais interessados nota discriminativa e justificativa, da qual devem constar:

a) Indicação da parte, do processo e do mandatário;

b) Indicação, em rubrica autónoma, das quantias efetivamente pagas pela parte a título de honorários do notário;

c) Indicação, em rubrica autónoma, das quantias efetivamente pagas pela parte a título de despesas;

d) Indicação, em rubrica autónoma, das quantias pagas a título de honorários de mandatário, salvo quando as quantias em causa sejam superiores ao limite previsto na alínea *c*) do número anterior, caso em que o valor indicado é reduzido ao valor do limite;

e) Indicação do valor a receber, nos termos da presente portaria.

7 – As custas de parte são pagas diretamente pela parte vencida à parte que delas seja credora.

8 – A parte vencida pode reclamar da nota discriminativa e justificativa apresentada, no prazo de 10 dias após a notificação da parte vencedora, devendo esse incidente ser decidido pelo notário em igual prazo.

9 – A reclamação da nota justificativa está sujeita ao depósito da totalidade do valor da nota.

10 – Da decisão proferida pelo notário cabe recurso para o juiz se o valor da nota exceder os 5.000€.

Artigo 26º-A – Responsabilidade pelo pagamento dos honorários notariais nos casos de apoio judiciário

Sem prejuízo do disposto no artigo 26º-I, nos processos de inventário em que tenha sido concedido apoio judiciário, a algum ou alguns dos interessados, na modalidade de dispensa de pagamento da taxa de justiça e demais encargos com o processo, ou na modalidade de pagamento faseado de taxa de justiça e demais encargos com o processo, os honorários notariais cujo pagamento seja da responsabilidade do interessado que beneficia do apoio judiciário são suportados integralmente por fundo a constituir pela Ordem dos Notários após a sua consagração legal, mediante afetação de percentagem dos honorários cobrados em processos de inventário.

Artigo 26º-B – Pagamento dos honorários

1 – Compete à Ordem dos Notários regulamentar os termos em que os notários requerem ao fundo referido no artigo anterior o pagamento dos respetivos honorários, incluindo a documentação e informação que os notários devem remeter e os momentos e prazos em que deve ser efetuado o requerimento.

2 – Nos processos de inventário em que o pagamento dos honorários notariais se efetue nos termos previstos no presente capítulo, o prosseguimento do processo não fica dependente do pagamento dos honorários pelo fundo referido no artigo anterior.

Artigo 26º-C – Pagamento faseado

1 – Nos casos em que tenha sido concedido apoio judiciário na modalidade de pagamento faseado de taxa de justiça e demais encargos com o processo, o beneficiário deve efetuar os pagamentos faseados respeitantes aos honorários junto do fundo referido no artigo 26º-A sendo os montantes desses pagamentos calculados nos termos previstos nos nºs 2 e 3 do artigo 16º da Lei nº 34/2004, de 29 de julho.

2 – Compete à Ordem dos Notários definir os meios pelos quais os beneficiários podem efetuar os pagamentos faseados, bem como os termos em que devem proceder à confirmação dos mesmos.

Artigo 26º-D – Responsabilidade pelo pagamento das despesas nos casos de apoio judiciário

1 – Sem prejuízo do disposto no artigo 26º-I, nos processos de inventário em que tenha sido concedido apoio judiciário, a algum ou alguns dos interessados, na modalidade de dispensa de pagamento da taxa de justiça e demais encargos com o processo, ou na modalidade de pagamento faseado de taxa de justiça e demais encargos com o processo, as despesas do processo cujo pagamento seja da responsabilidade do interessado que beneficia do apoio judiciário são suportadas pelo notário e posteriormente reembolsadas pelo IGFEJ.

2 – Excetuam-se do disposto no número anterior:

a) As despesas decorrentes de serviço prestado por terceiro, nomeadamente perito, tradutor, intérprete ou consultor técnico, os honorários de agente de execução, e as compensações devidas a testemunhas, sendo nestes casos o pagamento efetuado ao terceiro diretamente pelo IGFEJ, após a realização do serviço ou do ato que justifica o pagamento;

b) As despesas de correio, que são pagas diretamente pelo IGFEJ à entidade responsável pelo serviço postal, nos termos definido por protocolo celebrado entre o IGFEJ e a Ordem dos Notários;

c) Os emolumentos registais, cujo pagamento é feito através do respetivo desconto nas receitas do IGFEJ cobradas pelos serviços de registo.

Artigo 26º-E – Procedimento

1 – Nos casos previstos no artigo anterior, o notário deve solicitar à Ordem dos Notários a comprovação da despesa que realizou ou do serviço prestado por terceiro, juntando a esse pedido:

a) Tendo a despesa sido suportada pelo notário:

i) O número do processo de inventário;

ii) Nome completo do notário;

iii) Domicílio profissional do notário;

iv) Número de identificação fiscal do notário;

v) Número de identificação da conta bancária para a qual deve ser efetuado o pagamento;

vi) O montante devido;

vii) Documento comprovativo da realização da despesa pelo notário;

viii) Cópia do documento comprovativo da concessão de apoio judiciário;

b) Correspondendo a despesa a serviço prestado por terceiro:

i) O número do processo de inventário;

ii) Fatura do terceiro, emitida em nome do IGFEJ, correspondente ao serviço prestado, que deve conter os dados necessários ao processamento do pagamento, nomeadamente:

i) Nome completo;

ii) Domicílio profissional;

iii) Número de identificação da conta bancária para a qual deve ser efetuado o pagamento;

iv) Montante devido, com discriminação das obrigações fiscais, quando aplicáveis, designadamente IRS, IRC e IVA (continente ou ilhas);

iii) Cópia do documento comprovativo da concessão de apoio judiciário;

c) Correspondendo a despesa a compensação devida a testemunha:

i) O número do processo de inventário;

ii) Nome completo da testemunha;

iii) Domicílio da testemunha;

iv) Número de identificação fiscal da testemunha;

v) Número de identificação da conta bancária para a qual deve ser efetuado o pagamento;

vi) Montante devido;

vii) Requerimento da testemunha a solicitar o pagamento da compensação e documento comprovativo da audição da testemunha, acompanhado de declaração do notário certificando que o pagamento é da responsabilidade do beneficiário do apoio judiciário.

2 – Para além dos documentos e da informação previstos no número anterior, o IGFEJ pode determinar, por decisão do conselho diretivo, com possibilidade de delegação no respetivo presidente ou em qualquer dos seus vogais, a apresentação de outros documentos ou informação, em função da natureza ou tipo de despesa em causa.

3 – Os documentos e a informação previstos no número anterior só podem ser exigidos, para efeitos de validação de despesas, relativamente a despesas apresentadas para pagamento ao IGFEJ após a comunicação por este organismo à Ordem dos Notários do despacho referido no número anterior, competindo à Ordem a sua divulgação pelos notários.

4 – A Ordem dos Notários comprova a informação apresentada pelo notário tendo em conta o elenco de despesas elegíveis previsto no nº 1 do artigo 21º, bem como a validade do documento apresentado pelo notário enquanto documento que comprove a efetiva realização da despesa ou da prestação do serviço.

5 – Após a comprovação referida no número anterior, a Ordem dos Notários remete ao IGFEJ a informação e os documentos remetidos pelo notário nos termos dos nºs 1 e 2.

6 – Recebida a informação prevista no número anterior, o IGFEJ, após validar a mesma, procede ao pagamento da despesa através de transferência bancária.

Artigo 26º-F – Comunicações

1 – As comunicações entre notários e a Ordem dos Notários previstas na presente secção são efetuadas nos termos definidos pela Ordem dos Notários.

2 – As comunicações entre a Ordem dos Notários e o IGFEJ previstas na presente secção são realizadas preferencialmente por via eletrónica, nos termos estabelecidos em protocolo celebrado entre as duas entidades, ou em suporte de papel.

3 – As comunicações entre a Ordem dos Notários e o IGFEJ realizadas em suporte de papel são efetuadas quinzenalmente, no primeiro e no décimo dia de cada mês, ou no primeiro dia útil seguinte, caso aqueles o não sejam.

Artigo 26º-G – Pagamento faseado pelo beneficiário de apoio judiciário

1 – Nos processos de inventário em que tenha sido concedido apoio judiciário na modalidade de pagamento faseado de taxa de justiça e demais encargos com o processo, o pagamento, pelo beneficiário do apoio judiciário, das prestações respeitantes às despesas é efetuado após a obtenção de documento único de cobrança, nos termos previstos na Portaria nº 419-A/2009, de 17 de abril, sendo o montante das prestações calculado nos termos do disposto no nº 2 do artigo 16º da Lei nº 34/2004, de 29 de julho, e o documento comprovativo do pagamento junto ao processo de inventário.

2 – Compete ao notário acompanhar o pagamento das prestações, devendo nomeadamente:

a) Solicitar ao beneficiário o seu pagamento enquanto este for devido;

b) Informar o beneficiário do momento em que não são devidas mais prestações, nomeadamente por o montante pago corresponder ao montante devido a título de despesas;

c) Informar o beneficiário da necessidade de retomar o pagamento de prestações quando tal se torne necessário, designadamente nos casos em que o notário solicite o pagamento de novas despesas e este seja validado pelo IGFEJ.

3 – No final do processo de inventário, o notário deve remeter ao IGFEJ as referências dos documentos comprovativos dos pagamentos das prestações apresentados pelo beneficiário.

4 – Nos casos em que ainda seja devido o pagamento de prestações após o encerramento do processo de inventário, os documentos comprovativos desses pagamentos devem ser apresentados pelo beneficiário junto do IGFEJ.

Artigo 26º-H – Auditoria

1 – O IGFEJ pode realizar, a todo o momento, auditoria a todas as fases do processo de pagamento dos honorários e despesas previsto na presente portaria.

2 – Para efeitos do disposto no número anterior, a Ordem dos Notários e os notários devem prestar toda a colaboração necessária à realização da auditoria.

Artigo 26º-I – Aquisição de meios económicos suficientes

1 – Nos processos de inventário em que algum interessado beneficie de apoio judiciário na modalidade de dispensa de taxa de justiça e demais encargos com o processo, o notário, quando procede à remessa do processo para o tribunal para efeitos da homologação da partilha prevista no nº 1 do artigo 66º do regime jurídico do processo de inventário aprovado pela Lei nº 23/2013, de 5 de março, deve requerer ao juiz que, nos termos do artigo 13º da Lei nº 34/2004, de 29 de julho, avalie se o interessado adquire, em função da decisão homologatória de partilha, meios económicos suficientes para pagar os montantes de cujo pagamento foi dispensado em virtude da concessão de apoio judiciário, e, se for o caso, o condene no ressarcimento dos montantes despendidos pelo fundo previsto no artigo 26º-A e pelo IGFEJ ao abrigo da presente portaria e da Lei nº 34/2004, de 29 de julho.

2 – Nos casos em que o juiz possa proferir decisão relativa ao pedido de homologação da partilha, mas não disponha ainda de elementos suficientes para apreciar a questão referida no número anterior, aquela é logo proferida, sendo a questão referida no número anterior decidida em apenso próprio.

3 – Nos casos em que o juiz determina, nos termos dos números anteriores, o ressarcimento dos montantes despendidos pelo fundo previsto no artigo 26º-A e pelo IGFEJ, o notário:

a) Notifica o interessado que beneficiou de apoio judiciário para, no prazo previsto na alínea *c)* do nº 6 do artigo 18º, proceder ao pagamento a essas entidades, bem como da 3ª prestação de honorários devidos pelo processo de inventário, caso haja lugar a esta;

b) Notifica o fundo previsto no artigo 26º-A e o IGFEJ da decisão do juiz na parte que lhes respeita, bem como da realização da notificação prevista na alínea anterior.

4 – O ressarcimento dos montantes despendidos pelo fundo previsto no artigo 26º-A e pelo IGFEJ é condição necessária para a emissão da certidão de encerramento do processo de inventário relativamente ao interessado que deve proceder a esse ressarcimento, aplicando-se o disposto no nº 2 do artigo 25º

5 – No ressarcimento do fundo previsto no artigo 26º-A e do IGFEJ, seja voluntário seja através de ação executiva intentada para o efeito, é dada prioridade ao pagamento do fundo.»

Artigo 4º – Alteração aos anexos I, II e III da Portaria nº 278/2013, de 26 de agosto

Os anexos I, II e III da Portaria nº 278/2013, de 26 de agosto, passam a ter a redação constante do Anexo I, que é parte integrante da presente portaria.

Artigo 5º – Alteração à organização sistemática da Portaria nº 278/ /2013, de 26 de agosto

São promovidas as seguintes alterações à organização sistemática da Portaria nº 278/2013, de 26 de agosto:

a) A secção I do capítulo IV é denominada «Custas e dispensa»;

b) A secção IV do capítulo IV é denominada «Nota final e custas de parte» e passa a conter também os artigos 24º-A a 24º-C;

c) É aditado um novo capítulo VI, denominado «Apoio judiciário», constituído pelas seguintes secções:

i) Secção I, denominada «Pedidos», que contém o artigo 26º;

ii) Secção II, denominada «Honorários notariais», que contém os artigos 26º-A a 26º-C;

iii) Secção III, denominada «Despesas», que contém os artigos 26º-D a 26º-H;

iv) Secção IV, denominada «Aquisição de meios económicos sufi- cientes em virtude da decisão da partilha», que contém o artigo 26º-I;

d) O anterior capítulo VI passa a capítulo VII.

CAPÍTULO III – Apoio Judiciário – regime transitório

Artigo 6º – Aplicação no tempo

1 – O disposto no presente capítulo é aplicável até terem decorrido 18 meses da entrada em vigor do fundo previsto no artigo 26º-A da Portaria nº 278/2013, de 26 de agosto.

2 – Na vigência do regime transitório a que se reporta o número ante- rior, a Ordem dos Notários envia, mensalmente, ao Instituto de Gestão Financeira e Equipamentos da Justiça, I. P. (IGFEJ), informação atuali- zada sobre a situação financeira do fundo, bem como presta ao IGFEJ toda a colaboração necessária ao acompanhamento do funcionamento do fundo.

Artigo 7º – Responsabilidade pelo pagamento de honorários nos casos de apoio judiciário

Nos processos de inventário em que tenha sido atribuído apoio judiciário, a algum ou alguns dos interessados, na modalidade de dispensa de taxa de justiça e demais encargos com o processo ou na modalidade de pagamento faseado de taxa de justiça e demais encargos com o processo, os honorários notariais cujo pagamento seja da responsabilidade do interessado que beneficia do apoio judiciário são suportados pelo IGFEJ.

Artigo 8º – Pagamento de honorários

1 – Nos processos de inventário referidos no artigo anterior, compete ao notário, uma vez recebido no seu cartório o requerimento de inventário apresentado por beneficiário de apoio judiciário, comunicar esse facto à Ordem dos Notários, remetendo igualmente:

a) Cópia do requerimento inicial do processo de inventário;

b) Cópia do documento comprovativo da concessão de apoio judiciário;

c) Fatura emitida em nome do IGFEJ, da qual conste a seguinte informação:

i) O número do processo de inventário;

ii) Nome completo do notário;

iii) Domicílio profissional do notário;

iv) Número de identificação fiscal do notário;

v) Número de identificação da conta bancária do notário
para a qual deve ser efetuado o pagamento;

vi) O montante da prestação de honorários devida, com discriminação das obrigações fiscais, quando aplicáveis, designadamente IRS, IRC e IVA (continente ou ilhas).

2 – Recebida a informação e documentos previstos no número anterior, a Ordem dos Notários procede à análise e validação dos mesmos, confirmando que respeitam os pressupostos legalmente previstos, podendo ainda solicitar a documentação que considere relevante para o efeito.

3 – Caso valide a informação e os documentos remetidos pelo notário, a Ordem dos Notários remete-os ao IGFEJ que, após a validação dos mesmos, procede ao pagamento do montante da prestação de honorários devida, através de transferência bancária.

4 – O disposto nos números anteriores aplica-se, com as necessárias adaptações, aos pagamentos da percentagem dos montantes das 2ª e 3ª prestações de honorários notariais devidos pelo beneficiário de apoio judiciário, de acordo com os seguintes trâmites:

a) A percentagem da 2ª prestação da responsabilidade do beneficiário de apoio judiciário deve ser solicitada pelo notário junto da Ordem dos Notários após a primeira ou única sessão da conferência preparatória, sendo o pedido acompanhado da cópia da ata da primeira ou única sessão da conferência e de nota justificativa do montante devido pelo beneficiário, que, em caso de validação, a Ordem dos Notários remete ao IGFEJ juntamente com a informação e documentos previstos no nº 1;

b) A percentagem da 3ª prestação da responsabilidade do beneficiário de apoio judiciário, quando devida, deve ser solicitada pelo notário junto da Ordem dos Notários após a decisão homologatória da partilha pelo juiz, sendo o pedido acompanhado da cópia dessa decisão e de nota justificativa do montante devido pelo beneficiário, que, em caso de validação, a Ordem dos Notários remete ao IGFEJ juntamente com a informação e documentos previstos no nº 1.

5 – O disposto nos nºs 1 a 3 aplica-se ainda, com as necessárias adaptações, ao pagamento dos honorários notariais devidos pelos incidentes, de acordo com os seguintes trâmites:

a) A 1ª prestação deve ser solicitada pelo notário junto da Ordem dos Notários após a primeira intervenção no incidente do beneficiário de apoio judiciário, sendo o pedido acompanhado da cópia da peça processual, que, em caso de validação, a Ordem dos Notários remete ao IGFEJ juntamente com a informação e documentos previstos no nº 1;

b) A 2ª prestação deve ser solicitada pelo notário junto da Ordem dos Notários após a decisão homologatória da partilha pelo juiz, sendo o pedido acompanhado da cópia dessa decisão, que, em caso de validação, a Ordem dos Notários remete ao IGFEJ juntamente com a informação e documentos previstos no nº 1.

6 – Nos processos de inventário em que o pagamento dos honorários notariais se efetue nos termos previstos no presente artigo, o prosseguimento do processo não fica dependente do pagamento dos honorários pelo IGFEJ.

Artigo 9º – Pagamento faseado pelo beneficiário de apoio judiciário

Nos processos de inventário em que tenha sido concedido apoio judiciário na modalidade de pagamento faseado de taxa de justiça e demais encargos com o processo, o pagamento, pelo beneficiário do apoio judiciário, das prestações respeitantes aos honorários notariais é efetuado, com as necessárias adaptações, nos termos previstos no artigo 26º-G da Portaria nº 278/2013, de 26 de agosto, na redação dada pela presente portaria.

Artigo 10º – Aquisição de meios económicos suficientes

É aplicável aos processos previstos no presente capítulo em que tenha sido atribuído apoio judiciário na modalidade de dispensa de taxa de justiça e demais encargos com o processo, o disposto no artigo 26º-I da Portaria nº 278/2013, de 26 de agosto, na redação dada pela presente portaria.

CAPÍTULO IV – Disposições finais

Artigo 11º – Norma revogatória

São revogados a alínea *d*) do artigo 1º, o nº 4 do artigo 8º, o artigo 11º, o nº 7 do artigo 18º, os nºs 2 a 4 do artigo 26º da Portaria nº 278/2013, de 26 de agosto.

Artigo 12º – Republicação

É republicada no Anexo II, que é parte integrante da presente portaria, a Portaria nº 278/2013, de 26 de agosto.

Artigo 13º – Entrada em vigor

A presente portaria entra em vigor no 1º dia do mês seguinte ao da sua publicação, sendo aplicável aos processos de inventário pendentes a essa data.

A Ministra da Justiça, *Paula Maria von Hafe Teixeira da Cruz*, em 17 de fevereiro de 2015.

Anexo I
(a que se refere o artigo 4º)

Anexo I, II e III da Portaria nº 278/2013, de 26 de agosto

«Anexo I
Honorários devidos pelo processo de inventário

Valor do processo (em euros)	Coluna A – Honorários (em UC e sujeitos a IVA à taxa legal em vigor).	Coluna B – Honorários nos casos de especial complexidade (em UC e sujeitos a IVA à taxa legal em vigor).
Até 2 000	1	1,5
De 2 000,01 a 8 000..................	2	3
De 8 000,01 a 16 000.................	3	4,5
De 16 000,01 a 24 000................	4	6
De 24 000,01 a 30 000................	5	7,5
De 30 000,01 a 40 000................	6	9
De 40 000,01 a 60 000................	7	10,5
De 60 000,01 a 80 000................	8	12
De 80 000,01 a 100 000...............	9	13,5
De 100 000,01 a 150 000..............	10	15
De 150 000,01 a 200 000..............	12	18
De 200 000,01 a 250 000..............	14	21
De 250 000,01 a 275 000..............	16	24

Para além dos € 275 000, ao montante dos honorários acresce, por cada € 25 000 ou fração, 3 UC no caso da coluna A, e 4,5 UC no caso da coluna B.

Anexo II
Honorários devidos pelos incidentes

Incidente	Coluna A Honorários (em UC e sujeitos a IVA à taxa legal em vigor)	Coluna B Honorários em casos de especialcomplexidade (em UC e sujeitos a IVA à taxa legal em vigor)
Incidente de intervenção provocada principal ou acessória de terceiros e oposição provocada (de valor, calculado nos termos previstos no Código de Processo Civil, até € 30 000).	2	Entre 7 e 14
Incidente de intervenção provocada principal ou acessória de terceiros e oposição provocada (de valor, calculado nos termos previstos no Código de Processo Civil, igual ou superior a € 30 000,01).	4	
Outros incidentes.............................	0,5 a 5 UC	

HERANÇAS & PARTILHAS

Anexo III
Requerimento de Inventário

REQUERIMENTO DE INVENTÁRIO

(Os campos de preenchimento obrigatório encontram-se identificados por um *)

1. IDENTIFICAÇÃO DO CARTÓRIO NOTARIAL

Denominação*:

Município*:

Morada*:

2. FIM DO INVENTÁRIO*

Partilha de bens por herança ☐

Partilha por separação, divórcio, declaração de nulidade ou anulação de casamento ☐

Relacionar os bens objeto da sucessão ☐

3. IDENTIFICAÇÃO DO REQUERENTE E QUALIDADE EM QUE INTERVÉM

Nome completo*:

Estado Civil*:

Documento de identificação* - Tipo:

N.º:

Número de identificação fiscal *:

Residência*:

Qualidade em que intervém*:

Cónjuge ☐

Ascendente ☐ Grau_____

Descendente ☐ Grau_____

Herdeiro testamentário ☐

Representante legal[1] ☐

Ex-Cónjuge ☐

Outros ☐ Qual_____

3.1. (1) – Caso intervenha na qualidade de representante legal, identificar:

   3.1.1 Razão da representação legal*:
      3.1.1.1 Menoridade ☐

      Indicar relação de parentesco com o menor, se existir:

      3.1.1.2 Incapacidade ☐ Qualidade_____
      Indicar relação de parentesco com o incapaz, se existir:

PORTARIA Nº 46/2015, DE 26 FEVEREIRO

    3.1.1.3 Ausência em parte incerta ☐ Qualidade_____
        Indicar relação de parentesco com o ausente, se existir:

3.1.2   Identificação do representado:
    Nome completo do representado*:

    Estado Civil*:

    Documento de identificação* - Tipo:

        N.º::
    Número de identificação fiscal*:

    Residência*:

3.1.3 Se o representante legal for igualmente interessado no inventário, indicar em que qualidade*:

4. OUTROS ELEMENTOS RELACIONADOS COM O TIPO DE INVENTÁRIO

4.1 – EM CASO DE PARTILHA DE BENS POR HERANÇA OU DE RELACIONAÇÃO DOS BENS OBJETO DA SUCESSÃO:

    4.1.1 Identificação do inventariado:

        Nome completo*:

        Estado Civil*:

        Número de identificação fiscal:
        Último domicílio*:

4.1.2 Pretende-se cumulação de inventários*:

        Sim ☐   Não ☐

    4.1.2.1 No caso de cumulação de inventários:

      4.1.2.1.1 Razão da cumulação*:

      a)   Serem as mesmas as pessoas por quem tenham de ser repartidos os bens   ☐

      b)   Heranças deixadas pelos dois cônjuges   ☐

      c)   Dependência entre as partilhas   ☐

4.1.2.1.2 Identificação do(s) outro(s) inventariado(s):

        1. Nome completo*:

           Estado Civil*:

           Número De Identificação Fiscal:

           Último domicílio*:

        2. Nome completo*:

           Estado Civil*:

           Número de identificação fiscal:

           Último domicílio*:

        3. Nome completo*:

           Estado Civil*:

           Número de identificação fiscal:

           Último domicílio*:

HERANÇAS & PARTILHAS

(Nota: No caso de cumulação de inventários em número superior aos supra identificados inventariados, mencionar este facto e identificar restante(s) inventariado(s) no campo das "Observações")

4.1.3 Indicação genérica da existência de bens ou testamento*:

Existem bens a partilhar: Sim ☐ Não ☐

Existe testamento: Sim ☐ Não ☐

4.1.4 Identificação do cabeça-de-casal*:

a) Se o cabeça-de-casal for o próprio requerente ☐

b) Se o cabeça-de-casal não for o próprio requerente ☐ identificar:

Nome completo do cabeça-de-casal*:

Estado Civil*:

Número de identificação fiscal:

Residência*:

4.2 – EM CASO DE PARTILHA POR SEPARAÇÃO, DIVÓRCIO, DECLARAÇÃO DE NULIDADE OU ANULAÇÃO DE CASAMENTO:

4.2.1 Regime de bens*:

Comunhão geral ☐

Comunhão de adquiridos ☐

Outro ☐ Qual:_____

4.2.2 Identificação do cônjuge ou ex-cônjuge:

Nome completo*:

Estado Civil*:

Número de identificação fiscal:

Residência*:

4.2.3 Identificação do cabeça-de-casal*:

a) Se o cabeça-de-casal for o próprio requerente ☐

b) Se o cabeça-de-casal for o requerido ☐

5. <u>VALOR DO INVENTÁRIO*</u>: € _____,____

(Por extenso:)

6. <u>DOCUMENTOS JUNTOS</u>:

6.1 Assinalar com x os documentos que junta, atendendo ao tipo de inventário e respetivo requerente*:

a) Certidão de Óbito do Inventariado ☐

b) Certidões de Óbito dos outros Inventariados ☐

c) Certidão da separação, divórcio, declaração de nulidade ou anulação do casamento ☐

d) Outros documentos ☐

Quais:_____

7. OBSERVAÇÕES

Assinatura do requerente:_____

Anexo II
(A que se refere o artigo 12º)

Republicação da Portaria nº 278/2013, de 26 de agosto

CAPÍTULO I – Disposições gerais

Artigo 1º – Objeto
A presente portaria regulamenta:

a) As formas de apresentação do requerimento de inventário e das demais peças processuais e documentos;

b) O modelo do requerimento de inventário;

c) Notificações, comunicações e tramitação eletrónica do processo de inventário;

d) [*Revogada.*]

e) A taxa suplementar aplicável aos casos de falta de comparência na conferência preparatória;

f) O regime das custas dos incidentes e dos recursos;

g) O regime dos honorários notariais e despesas devidos pelo processo de inventário;

HERANÇAS & PARTILHAS

h) O regime de pagamento dos honorários notariais e das despesas e a responsabilidade pelos mesmos nos processos de inventário em que tenha sido concedido apoio judiciário na modalidade de dispensa de pagamento da taxa de justiça ou na modalidade de pagamento faseado da taxa de justiça e demais encargos com o processo.

Artigo 2º – Sistema informático de tramitação do processo de inventário

1 – O processo de inventário é tramitado preferencialmente por via eletrónica, pelos notários, em sistema informático definido pela Ordem dos Notários, que deve obedecer ao disposto na Lei nº 23/2013, de 5 de março e na presente portaria.

2 – O sistema informático de tramitação do processo de inventário referido no número anterior deve garantir a integralidade, autenticidade e inviolabilidade dos processos, bem como as interações com o sistema informático de suporte à atividade dos tribunais necessárias à correta aplicação da Lei nº 23/2013, de 5 de março e da presente portaria.

3 – O acesso ao sistema informático referido no nº 1 pelos cidadãos e por advogados ou solicitadores no âmbito das suas funções, nomeadamente para a prática dos atos previstos na Lei nº 23/2013, de 5 de março e na presente portaria, bem como para a consulta do processo, é efetuado através do sítio da internet com o endereço *www. inventarios.pt.*

4 – Sem prejuízo do disposto no artigo 13º quanto à consulta do processo, o acesso ao sítio da internet referido no número anterior é efetuado por certificação eletrónica nos seguintes termos:

a) Pelos cidadãos, através da utilização do certificado digital constante do cartão de cidadão;

b) Pelos advogados e solicitadores através da utilização do certificado digital que comprove a respetiva qualidade profissional.

5 – Para os efeitos da alínea *b*) do número anterior, a certificação eletrónica de advogados e solicitadores é efetuada através de certificados digitais, cuja utilização para fins profissionais é confirmada através de listas eletrónicas de certificados, disponibilizadas, respetivamente, pela Ordem dos Advogados e pela Câmara dos Solicitadores.

6 – Compete à Ordem dos Notários a criação, gestão e manutenção do sistema informático de tramitação do processo de inventário, bem como do sítio da internet referido no nº 3.

Artigo 3º – Atendimento prévio

No âmbito do processo de inventário o cartório notarial competente pode proceder, de forma isenta e independente, a um atendimento prévio do interessado praticando todos os atos que se mostrem adequados à sua futura tramitação, designadamente:

a) Efetuando uma análise da situação apresentada pelo interessado para avaliação, designadamente, de estarem em causa questões de direito de que decorra a constituição obrigatória de advogado, nos termos previstos no n.º 1 do artigo 13.º da Lei n.º 23/2013, de 5 de março;

b) Comunicando ao interessado quais os documentos que deve apresentar;

c) Marcando a data para a apresentação do requerimento, no sentido de articular a disponibilidade do interessado com as necessidades do serviço; e

d) Preparando as diligências de instrução do procedimento que devam ser efetuadas por via oficiosa.

CAPÍTULO II – Apresentação de peças processuais e documentos

Artigo 4.º – Modelo do requerimento de inventário

1 – O modelo de requerimento de inventário, na sua versão em papel, consta do Anexo III à presente portaria, da qual faz parte integrante.

2 – O modelo referido no número anterior deve ser disponibilizado, para impressão, no sítio da internet referido no n.º 3 do artigo 2.º

3 – O formulário eletrónico do requerimento de inventário do sistema informático de tramitação do processo de inventário deve respeitar os campos previstos no modelo de requerimento previsto no n.º 1.

Artigo 5.º – Apresentação do requerimento de inventário

1 – O requerimento de inventário pode ser apresentado:

a) Pelo interessado ou pelo seu mandatário, através do preenchimento de formulário eletrónico disponibilizado no sistema informático de tramitação do processo de inventário, e da junção dos documentos relevantes, de acordo com os procedimentos e instruções aí constantes;

b) Pelo interessado, no cartório notarial, em suporte físico, através da apresentação do modelo de requerimento de inventário previsto no artigo anterior, juntamente com os documentos relevantes.

2 – Após a entrega do requerimento nos termos do número anterior, o sistema informático de tramitação do processo de inventário, nos casos da alínea *a)* do número anterior, ou o cartório notarial, nos casos da alínea *b)* do número anterior, disponibilizam ao requerente o comprovativo de entrega do requerimento que contém:

a) A data e a hora da entrega do requerimento;

b) O código e as instruções de acesso ao sítio www.inventarios.pt, para efeito de consulta de processo por parte do cidadão que não tenha cartão do cidadão, nos termos do disposto no nº 2 do artigo 13º;

c) A referência multibanco para pagamento da 1ª prestação dos honorários do notário, bem como o montante dessa prestação;

d) O número que será atribuído ao processo no seguimento do pagamento da 1ª prestação dos honorários do notário.

3 – Independentemente da forma de apresentação do requerimento de inventário, o mesmo só se considera apresentado na data em que for efetuado o pagamento da 1ª prestação dos honorários do notário, ou em que foi entregue o documento comprovativo da concessão de apoio judiciário nas modalidades de dispensa de taxa de justiça e demais encargos com o processo ou de pagamento faseado de taxa de justiça e demais encargos com o processo.

4 – Em caso de urgência, o requerente pode apresentar, em substituição do documento comprovativo da concessão de apoio judiciário previsto no número anterior, documento comprovativo do pedido de apoio judiciário ainda não decidido, ficando o processo, após dar entrada, a aguardar a decisão da concessão do apoio judiciário.

5 – Nos casos previstos no número anterior, caso o pedido de apoio judiciário não seja decidido favoravelmente, o pagamento da 1ª prestação de honorários deve ser efetuado no prazo de 10 dias a contar da data de notificação da decisão definitiva que indefira o pedido de apoio judiciário.

Artigo 6º – Apresentação de outras peças processuais

A apresentação das restantes peças processuais, incluindo dos documentos que as acompanham, é efetuada através das seguintes formas:

a) Quando apresentada pelo interessado:

i) Por via eletrónica, através do acesso ao sistema informático de tramitação do processo de inventário nos termos previstos no nº 3 do artigo 2º, de acordo com os procedimentos e instruções daí constantes, e recorrendo à assinatura eletrónica constante do cartão do cidadão;

ii) Por remessa postal, sob registo, para o cartório notarial;

iii) Por entrega no cartório notarial;

b) Quando apresentada por mandatário, exclusivamente por via eletrónica, através do acesso ao sistema informático de tramitação do processo de inventário nos termos previstos no nº 3 do artigo 2º, de acordo com os procedimentos e instruções daí constantes, e recorrendo ao certificado digital previstos no nº 5 do artigo 2º

Artigo 7º – Apresentação de documentos

1 – A apresentação de documentos nos termos previstos na alínea *a*) do nº 1 do artigo 5º e na subalínea *i*) da alínea *a*) do artigo 6º dispensa a apresentação dos originais dos mesmos, sem prejuízo do dever de exibição dos originais sempre que tal seja solicitado pelo notário.

2 – Os documentos apresentados nos termos referidos no número anterior têm a força probatória dos originais, nos termos definidos para as certidões.

Artigo 8º – Elementos indispensáveis à instrução do requerimento ou de outras peças processuais

1 – Os elementos indispensáveis à instrução do requerimento ou de outra peça processual que não tenham sido apresentados ou corretamente indicados na mesma devem, sempre que possível, ser obtidos oficiosamente pelo cartório notarial.

2 – Caso os elementos referidos no número anterior não possam ser obtidos oficiosamente pelo cartório notarial, ou os documentos necessários não tenham sido entregues corretamente, devem ser notificados os interessados já citados para, em 10 dias, corrigir ou completar o requerimento ou outra peça processual ou para fazerem prova de que solicitaram os documentos em falta.

3 – Findo o prazo referido no número anterior sem que os interessados pratiquem os atos aí previstos, o notário pode, nos termos do artigo 19º do regime jurídico do processo de inventário aprovado pela Lei nº 23/2013, de 5 de março, determinar o arquivamento do processo, não havendo, no caso de arquivamento, direito a qualquer devolução de honorários já pagos.

4 – [*Revogado*].

CAPÍTULO III – Citações, notificações, tramitação eletrónica e consulta do processo

Artigo 9º – Citações e notificações

1 – As notificações efetuadas pelo cartório notarial aos mandatários dos interessados que já tenham intervindo no processo são realizadas através do sistema informático de tramitação do processo de inventário, para área de acesso exclusivo do mandatário no referido sistema, considerando-se o mandatário notificado no 3º dia após a disponibilização da notificação na sua área de acesso exclusivo, ou no 1º dia útil seguinte a esse, quando o não seja.

2 – Em simultâneo com a disponibilização da notificação na área de acesso exclusivo do mandatário é remetido a este, para o endereço de correio eletrónico que previamente tiver indicado, aviso relativo a essa disponibilização.

HERANÇAS & PARTILHAS

3 – As citações e as notificações efetuadas diretamente aos interessados são realizadas em suporte de papel, nos termos previstos no Código de Processo Civil.

4 – Os atos previstos no número anterior são elaborados através do sistema informático de tramitação do processo de inventário, com aposição de assinatura eletrónica do seu autor.

5 – Quando a citação ou a notificação tenha sido elaborada nos termos definidos no número anterior, a versão em suporte de papel contém a indicação de ter sido assinada naqueles termos.

Artigo 10º – Comunicação com o tribunal e com agente de execução

1 – As comunicações entre o notário e o tribunal, incluindo o envio do processo a tribunal em todas as situações previstas no regime jurídico do processo de inventário aprovado pela Lei nº 23/2013 de 5 de março, bem como a notificação ao notário da decisão final do juiz nessas situações são efetuadas através do sistema informático de tramitação do processo de inventário e do sistema informático de suporte à atividade dos tribunais, nos termos definido por protocolo celebrado entre a Ordem dos Notários, o Instituto de Gestão Financeira e Equipamentos da Justiça, I. P. (IGFEJ), e a Direção-Geral da Administração da Justiça.

2 – A solução definida no protocolo previsto na parte final do número anterior deve garantir a comunicação entre o sistema informático de tramitação do processo de inventário e o sistema informático de suporte à atividade dos tribunais em todos os casos previstos no regime jurídico do processo de inventário aprovado pela Lei nº 23/2013, de 5 de março, bem como integralidade, autenticidade e inviolabilidade dos processos e das respetivas comunicações.

3 – As comunicações entre o notário e o agente de execução, nomeadamente para efeito de realização de citações e notificações nos termos previstos no nº 3 do artigo 6º do regime jurídico do processo de inventário aprovado pela Lei nº 23/2013, 5 de março, devem ser efetuadas, preferencialmente, por via eletrónica, nos termos a estabelecer por protocolo entre a Ordem dos Notários e a Câmara dos Solicitadores.

4 – Os protocolos a celebrar ao abrigo dos números 1 e 3 são sujeitos a parecer prévio da Comissão Nacional de Proteção de Dados.

Artigo 11º
[*Revogado*]

Artigo 12º – Registo dos atos no processo

1 – O notário deve proceder ao registo da prática de todos os atos no processo no sistema informático de tramitação do processo de inventário, de modo que

PORTARIA Nº 46/2015, DE 26 FEVEREIRO

permita identificar o ato, cópia dos documentos respeitantes à efetivação do ato e, sendo caso disso, cópia dos documentos que o acompanham.

2 – Todos os atos praticados por qualquer interveniente que não sejam entregues por via eletrónica devem ser digitalizados pelo notário e registados no respetivo processo de inventário.

3 – Caso a digitalização prevista no número anterior não seja possível em virtude das características da peça processual ou de algum documento apresentado pelo interessado, o notário deve registar a prática do ato no sistema informático de tramitação do processo de inventário, com a indicação de que a peça ou documento em causa pode ser consultado no cartório notarial.

Artigo 13º – Consultas

1 – A consulta do processo de inventário pelos interessados e pelos mandatários é efetuada no sistema informático de tramitação do processo de inventário.

2 – Sem prejuízo do disposto no nº 4 do artigo 2º, os interessados podem ainda aceder ao sistema informático de tramitação do processo de inventário, para efeitos ex- clusivamente de consulta do processo, através de código disponibilizado para o efeito pelo notário na primeira citação ou notificação que dirija a esse interessado.

3 – A consulta do processo pode ainda ser efetuada no cartório notarial pelos interessados, por qualquer pessoa capaz de exercer o mandato judicial ou por quem nisso revele interesse atendível.

4 – A consulta do processo por advogado ou solicitador nos termos do nº 1 só é efetuada depois da prática de algum ato no processo, e mediante análise do notário do efetivo interesse nessa consulta, nos termos previstos nos artigos 163º e seguintes do Código de Processo Civil.

Artigo 14º – Arquivo

1 – Os processos de inventário, incluindo todos os atos e documentos que lhe estejam associados, são arquivados na base de dados de suporte ao sistema informático de tramitação do processo de inventário.

2 – Os atos praticados pelas partes em suporte físico que incluam a respetiva assinatura autógrafa devem ser arquivados nesse suporte pelo notário, sem prejuízo da sua digitalização nos termos do nº 2 do artigo 12º.

3 – O disposto no número anterior não é aplicável aos documentos que acompanham o ato praticado pelos interessados, sendo os mesmos devolvidos aos interessados após a respetiva digitalização nos termos do nº 2 do artigo 12º.

4 – Devem ainda ser arquivados em suporte físico as peças processuais e documentos cuja digitalização não foi possível, nos termos do nº 3 do artigo 12º.

CAPÍTULO IV – Custas do processo de inventário

SECÇÃO I – Custas e dispensa

Artigo 15º – Conceito de custas

1 – As custas pela tramitação do processo de inventário abrangem os honorários notariais e as despesas.

2 – As multas e outras penalidades são fixadas de forma autónoma e seguem o regime previsto na presente portaria e na Lei nº 23/2013, de 5 de março.

Artigo 16º – Dispensa de pagamento prévio das custas

1 – Estão dispensadas de pagamento prévio das custas pela tramitação do processo de inventário as pessoas e entidades previstas no nº 1 do artigo 4º do Regulamento das Custas Processuais, aprovado pelo Decreto-Lei nº 34/2008, de 26 de fevereiro.

2 – Nos casos previstos no número anterior, o pagamento dos honorários dos notários e as despesas são inicialmente suportados pelo fundo previsto no artigo 26º-A e pelo IGFEJ, respetivamente, aplicando-se com as necessárias adaptações o disposto no capítulo VI e sendo estas entidades posteriormente ressarcidas dos montantes que suportaram nos termos dos números seguintes.

3 – Nos casos previstos nos números anteriores, o pagamento das custas pela parte é efetuado apenas no final do processo, não sendo devido o montante das custas que ultrapasse o valor dos bens, das tornas ou das indemnizações que lhe couberam na partilha.

4 – Caso o pagamento efetuado pela parte não seja suficiente, em virtude do disposto na parte final do número anterior, para ressarcir na totalidade o fundo previsto no artigo 26º-A e o IGFEJ, é esse montante distribuído entre as duas entidades proporcionalmente em função dos montantes que adiantaram nos termos do nº 2.

Artigo 17º – Multas

1 – O notário deve registar no sistema informático de tramitação do processo de inventário a aplicação de qualquer multa prevista na Lei nº 23/2013, de 5 de março, incluindo o montante das mesmas.

2 – A cobrança das multas é efetuada pelo notário, procedendo este, nos termos a protocolar entre o Instituto de Gestão Financeira e Equipamento da Justiça, I. P. (IGFEJ) e a Ordem dos Notários, à transferência para esse instituto dos montantes que, de acordo com o nº 3 do artigo 83º da Lei nº 23/2013, de 5 de março, sejam sua receita.

PORTARIA Nº 46/2015, DE 26 FEVEREIRO

3 – Para efeitos da aplicação e fiscalização do presente artigo, deve ser concedido ao IGFEJ acesso permanente ao sistema informático de tramitação do processo de inventário, na medida do necessário para proceder à referida fiscalização, podendo o IGFEJ realizar ainda as auditorias ao sistema que considere necessárias.

SECÇÃO II – Honorários

Artigo 18º – Honorários do processo

1 – São devidos honorários ao notário pelos serviços prestados no âmbito do processo de inventário.

2 – Os honorários notariais devidos pelo processo de inventário são os constantes do Anexo I da presente portaria, que dela faz parte integrante, sendo devidos conjuntamente por todos os interessados, nos termos do artigo seguinte.

3 – Os honorários notariais devidos pelos incidentes são os constantes do Anexo II da presente portaria, que dela faz parte integrante, sendo devidos por cada um dos interessados que tiver intervenção no incidente.

4 – A aplicação dos valores de honorários previstos para os processos de inventário de especial complexidade, bem como para os incidentes de especial complexidade, é determinada pelo juiz, a requerimento do notário efetuado juntamente com a remessa do processo de inventário para o tribunal para efeitos da homologação da partilha prevista no nº 1 do artigo 66º da Lei nº 23/2013, de 5 de março.

5 – Nos incidentes pelos quais, nos termos da coluna A da tabela constante do Anexo II, os honorários devidos sejam de valor variável, a fixação dos honorários é efetuada pelo notário, na decisão do incidente.

6 – Os honorários devidos pelo processo de inventário devem ser pagos nos seguintes termos:

a) 1ª Prestação – devida no momento da apresentação do requerimento inicial, no valor de metade dos honorários devidos tendo em consideração o valor do inventário indicado pelo requerente;

b) 2ª Prestação – devida nos 10 dias posteriores à notificação para a conferência preparatória, no valor da diferença entre o montante dos honorários devidos tendo em consideração o valor do inventário eventualmente corrigido a essa data e o montante já pago nos termos da alínea anterior;

c) 3ª Prestação – devida nos 10 dias posteriores à notificação pelo notário para o efeito, após a decisão homologatória da partilha pelo juiz, no valor da diferença entre o montante devido a título de honorários nos termos do nº 2 e, se for o caso, do n.º 4, tendo em consideração o valor final do processo de inventário, e o montante já pago nos termos das alíneas anteriores.

7 – [*Revogado*].

8 – Nos casos em que o processo termine, por qualquer causa:

a) Antes da realização da primeira sessão da conferência preparatória, é devida ao notário a 1ª prestação por inteiro, sendo que, caso o valor do processo tenha sido corrigido após o pagamento da 1ª prestação, o montante desta deve ser atualizado, procedendo-se:

i) Caso o valor do processo tenha aumentado, ao pagamento da diferença entre o valor da 1ª prestação calculado tendo em conta o valor atualizado do processo e o valor já pago a título de 1ª prestação, no prazo de 10 dias após a notificação pelo notário para o efeito;

ii) Caso o valor do processo tenha diminuído, à devolução, pelo notário, do montante pago em excesso pelos interessados, considerando o valor da 1ª prestação calculado com base no valor atualizado do processo;

b) Após o início da conferência preparatória, mas antes da decisão homologatória do juiz, é devida ao notário a

2ª prestação por inteiro, sendo que, caso o valor do processo tenha sido corrigido após o pagamento da 2ª prestação, o montante da 2ª prestação deve ser atualizado, procedendo-se:

i) Caso o valor do processo tenha aumentado, ao pagamento da diferença entre o valor da 2ª prestação calculado tendo em conta o valor atualizado do processo e o valor já pago a título de 2ª prestação, no prazo de 10 dias após a notificação pelo notário para o efeito;

ii) Caso o valor do processo tenha diminuído, à devolução, pelo notário, do montante pago em excesso pelos interessados, considerando o valor da 2ª prestação calculado com base no valor atualizado do processo.

9 – Os honorários devidos pelos incidentes aos quais não se apliquem o disposto no n.º 5 devem ser pagos nos seguintes termos:

a) 1ª Prestação – devida no momento da primeira intervenção do interessado no incidente, no valor de metade dos honorários previstos na tabela constante do Anexo II;

b) 2ª Prestação – devida nos 10 dias posteriores à notificação pelo notário para o efeito, após a decisão do incidente, no valor idêntico ao previsto na alínea anterior para a 1ª prestação.

10 – Os honorários devidos pelos incidentes aos quais se apliquem honorários de valor variável nos termos da coluna A da tabela constante do Anexo II são pagos nos seguintes termos:

a) 1ª Prestação – devida no momento da primeira intervenção do interessado no incidente, no valor mínimo estabelecido na coluna A para o incidente em causa;

PORTARIA Nº 46/2015, DE 26 FEVEREIRO

b) 2ª Prestação – devida nos 10 dias posteriores à notificação pelo notário para o efeito, após a decisão do incidente, no valor da diferença entre o montante fixado pelo notário nos termos do nº 5, e o montante já pago nos termos da alínea anterior.

11 – O interessado notificado para proceder ao pagamento da 2ª prestação prevista na alínea *b*) do número anterior pode reclamar para o notário do montante de honorários fixado.

12 – O notário que não proceda à alteração do montante de honorários do incidente nos termos requeridos pelo interessado deve requerer ao juiz, no momento da remessa do processo de inventário para o tribunal para efeitos da homologação da partilha prevista no nº 1 do artigo 66º do regime jurídico do processo de inventário aprovado pela Lei nº 23/2013, de 5 de março, a fixação do valor desses honorários, não procedendo o interessado ao seu pagamento até à decisão do juiz.

13 – O juiz, apreciadas as circunstâncias do caso concreto, pode condenar em multa, nos termos gerais, o interessado, quando a reclamação seja considerada improcedente, ou o notário, quando a reclamação seja julgada procedente.

14 – Os honorários fixados pelo juiz nos termos do nº 12 são pagos pelo interessado no momento do pagamento da 3ª prestação dos honorários devidos pelo pro- cesso de inventário, nos termos da alínea *c*) do nº 6.

15 – Nos casos em que, ao abrigo do disposto no nº 4, o notário requereu a aplicação dos valores de honorários previstos para os incidentes de especial complexidade e a mesma foi determinada pelo juiz, há lugar ao pagamento da 3ª prestação dos honorários devidos pelo incidente, a pagar no momento do pagamento da 3ª prestação dos honorários devidos pelo processo de inventário, nos termos da alínea *c*) do nº 6, no valor da diferença entre o montante determinado pelo juiz e o montante já pago a título de 1ª e 2ª prestações.

Artigo 19º – Responsabilidade pelo pagamento de honorários devidos pelo processo de inventário

1 – Sem prejuízo do disposto no artigo 67º do regime jurídico do processo de inventário aprovado pela Lei nº 23/2013, de 5 de março, a responsabilidade pelo pagamento dos honorários devidos pelo processo de inventário é dos interessados, nos seguintes termos:

a) A 1ª prestação é devida na sua totalidade pelo requerente;

b) A 2ª prestação é devida, em igual percentagem, por todos os interessados, exceto pelo requerente, relativamente ao qual, para efeito de cálculo da sua responsabilidade, é tido em consideração o montante pago nos termos da alínea anterior;

c) A 3ª prestação, quando exista, é da responsabilidade de todos os interessados, na proporção e nos termos previstos no artigo 67º do regime jurídico do processo de inventário aprovado pela Lei nº 23/2013, de 5 de março, e tendo em consideração os montantes pagos nos termos das alíneas anteriores.

2 – Para efeitos do disposto na alínea *b*) do número anterior, cada interessado que não seja o requerente paga até ao valor pago por este a título de 1ª prestação, devendo o remanescente, caso exista, ser pago em igual montante por todos os interessados, incluindo o requerente.

3 – Nos casos em que o responsável não proceda ao pagamento da sua percentagem da 2ª ou da 3ª prestação nos prazos definidos no nº 6 do artigo anterior, o notário procede à notificação de todos os demais interessados para, querendo, efetuarem o pagamento em falta.

4 – Ultrapassados os prazos previstos para os pagamentos das prestações sem que estes tenham sido realizados na íntegra, o notário pode suspender o processo de inventário e proceder ao arquivamento do mesmo, nos termos do artigo 19º do regime jurídico do processo de inventário aprovado pela Lei nº 23/2013, de 5 de março.

5 – Qualquer interessado pode, em qualquer fase do processo, declarar que, a partir desse momento, efetua o pagamento da totalidade dos honorários em representação dos restantes interessados.

6 – O interessado que, em virtude da aplicação do disposto no nº 1 ou por se ter substituído a outro interessado no pagamento dos honorários nos termos do nº 3 ou do número anterior, tiver pago a título de honorários um montante superior ao da sua responsabilidade, calculada nos termos e nas proporções previstas no artigo 67º do regime jurídico do processo de inventário aprovado pela Lei nº 23/2013, de 5 de março, tem direito de regresso relativamente aos demais responsáveis pelas custas devidas pela tramitação do processo de inventário.

Artigo 20º – Meios de pagamento

1 – O pagamento da 1ª prestação dos honorários devidos pelo processo de inventário é efetuado nos seguintes termos:

a) Nos casos em que o pedido é efetuado nos termos da alínea *a*) do nº 1 do artigo 5º, pelo pagamento da referência multibanco gerada aquando da apresentação do requerimento, no prazo de 10 dias após a geração da mesma;

b) Nos casos em que o pedido é efetuado nos termos da alínea *b*) do nº 1 do artigo 5º, por pagamento ao notário, pelo pagamento da referência multibanco gerada aquando da apresentação do requerimento, no prazo de 10 dias após a geração da mesma, ou por qualquer meio admissível e disponível no cartório notarial, devendo nestes casos o pagamento ocorrer no momento da apresentação do requerimento.

2 – O pagamento da 2ª prestação de honorários é efetuado através de qualquer forma admissível, incluindo através de referência multibanco que o notário

remete aos responsáveis pelo pagamento juntamente com a notificação para a conferência preparatória.

3 – O pagamento da 3ª prestação é efetuado através de qualquer forma admissível, incluindo através de referência multibanco, remetida pelo notário aos responsáveis pelo pagamento com a notificação da nota final de honorários e despesas.

4 – Findo o prazo de 10 dias previstos nas alíneas *a*) e *b*) do nº 1 para pagamento da referência multibanco sem que a mesma se encontre paga, o sistema informático de tramitação do processo de inventário pode proceder à invalidação da referência em causa, não sendo possível a partir desse momento o seu pagamento nem, consequentemente, a apresentação do requerimento.

5 – O pagamento dos honorários devidos pelos incidentes é efetuado nos termos referidos nos números anteriores, com as necessárias alterações.

SECÇÃO III – Despesas

Artigo 21º – Despesas do processo

1 – O notário é pago, nos termos dos números seguintes, das despesas do processo, as quais deve comprovar devidamente no processo, designadamente:

a) Despesas de correio com citações e notificações não efetuadas eletronicamente;

b) Os encargos decorrentes da colaboração de autoridades administrativas ou policiais, nos termos do disposto no nº 4 do artigo 27º do regime jurídico do processo de inventário aprovado pela Lei nº 23/2013, de 5 de março;

c) As despesas de transporte e ajudas de custo para as diligências relativas ao processo;

d) Os pagamentos devidos ou pagos a quaisquer entidades pela produção ou entrega de documentos, realização de registos, prestação de serviços ou atos análogos, requisitados pelo notário a requerimento ou oficiosa e fundamentadamente, salvo quando se trate de certidões extraídas gratuitamente pelo cartório;

e) As retribuições devidas a quem interveio acidentalmente;

f) As compensações devidas a testemunhas, calculadas nos termos previstos no Regulamento das Custas Processuais, com as devidas adaptações;

g) A remuneração de peritos, tradutores, intérpretes e consultores técnicos, efetuada nos termos do disposto no Regulamento das Custas Processuais com as devidas adaptações;

h) A taxa de justiça devida pela remessa a tribunal do processo de inventário, nos termos estabelecidos no regime jurídico do processo de inventário aprovado pela Lei nº 23/2013, de 5 de março.

HERANÇAS & PARTILHAS

2 – O responsável pelo pagamento da despesa é notificado, previamente à realização do ato a que a mesma respeita, para proceder ao respetivo pagamento, não sendo praticado o ato em causa enquanto não ocorrer o seu pagamento.

3 – Não sendo possível determinar previamente o montante da despesa, o notário, após a realização do ato, notifica o responsável pelo pagamento da despesa para o pagamento da mesma no prazo de 10 dias.

Artigo 22º – Responsabilidade pelo pagamento das despesas

1 – Sem prejuízo do disposto no artigo 67º do regime jurídico do processo de inventário aprovado pela Lei nº 23/2013, de 5 de março, a responsabilidade pelo pagamento das despesas é do interessado que requereu a prática do ato gerador da despesa ou, caso tal ato não tenha sido requerido por nenhum interessado, do requerente do inventário.

2 – Nos casos em que o responsável pelo pagamento da despesa não procede ao pagamento da mesma nos 10 dias posteriores à notificação para esse efeito, o notário procede à notificação de todos os demais interessados para, querendo, efetuarem o pagamento em falta.

3 – Findo o processo, o interessado que pagou a despesa tem direito de regresso relativamente aos demais responsáveis pelas custas devidas pela tramitação do inventário, nos termos e nas proporções previstas no artigo 67º do regime jurídico do processo de inventário aprovado pela Lei nº 23/2013, de 5 de março.

SECÇÃO IV – Nota final e custas de parte

Artigo 23º – Nota final de honorários e despesas

1 – Após o trânsito em julgado da decisão homologatória da partilha, o notário elabora nota final de honorários e despesas onde procede:

a) Ao cálculo do valor final dos honorários tendo em conta o valor final do processo e dos respetivos incidentes e a eventual decisão do juiz prevista nos nºs 4 e 12 do artigo 18º;

b) Ao cálculo do montante da 3ª prestação dos honorários devidos pelo processo de inventário nos termos da alínea *c)* do nº 6 do artigo 18º e, se for o caso, dos honorários fixados nos termos do nº 14 do artigo 18º e da 3ª prestação dos honorários devidos pelo incidente, nos termos do nº 15 do artigo 18º;

c) Ao cálculo da proporção das custas devidas por cada um dos interessados, nos termos previstos no artigo 67º do regime jurídico do processo de inventário aprovado pela Lei nº 23/2013, de 5 de março, e na presente portaria;

d) À identificação de todos os montantes devidos, já pagos ou ainda por liquidar, e à identificação dos responsáveis pelo seu pagamento, e, sendo o caso, a indicação de o pagamento ter sido feito por um dos interessados em substi-tuição de outro nos termos do disposto nos n°s 3 e 5 do artigo 19º e no nº 2 do artigo anterior.

2 – Quando, após se determinar o montante devido por cada um dos inte-ressados, nos termos da alínea *c*) do número anterior, se concluir que algum dos interessados procedeu anteriormente ao pagamento, a título de honorários ou despesas, de um montante superior à sua responsabilidade pelas custas, não há lugar à devolução pelo notário do montante pago em excesso, tendo o interes-sado direito de regresso relativamente aos demais responsáveis pelas custas, na proporção da responsabilidade de cada um.

3 – Nos casos previstos no nº 6 do artigo 48º da Lei nº 23/2013, de 5 de março, o notário procede à elaboração da nota, com as necessárias adaptações, logo que o processo termine por acordo na conferência preparatória.

4 – Sem prejuízo do disposto no número anterior, nos casos em que o pro-cesso termine antes da decisão homologatória do juiz, o notário procede à ela-boração da nota, com as necessárias adaptações, logo que tenha conhecimento do ato que determina o fim do processo.

Artigo 24º – Reclamação da nota final de honorários e despesas

1 – Qualquer parte pode reclamar para o notário da nota final de honorá-rios e despesas, com fundamento na desconformidade com o disposto na Lei nº 23/2013, de 5 de março e na presente portaria.

2 – O notário que não proceda à revisão da nota final de honorários e des-pesas nos exatos termos requeridos deve enviar para o tribunal competente, no prazo de 10 dias a contar da receção do requerimento, a reclamação e a resposta à mesma.

3 – Caso o notário não proceda à revisão da nota de honorários e despesas nos exatos termos requeridos, nem envie, no prazo previsto no número anterior, a reclamação para o tribunal competente, considera-se deferida a reclamação.

4 – O juiz, apreciadas as circunstâncias do caso concreto, pode condenar em multa, nos termos gerais, o reclamante, quando a reclamação seja julgada im-procedente, ou o notário, quando a reclamação seja julgada procedente.

Artigo 24º-A – Custas de parte

1 – O interessado que tenha tido custos com o processo, relevantes para o correto desenrolar do mesmo, do interesse de todas as partes e que não se en-quadram no regime de despesas previsto nos artigos 21º e 22º, tem direito a ser ressarcido dessas despesas pelos restantes interessados, em função da proporção da responsabilidade de cada um, calculada nos termos do artigo 67º do regime jurídico do processo de inventário aprovado pela Lei nº 23/2013, de 5 de março.

HERANÇAS & PARTILHAS

2 – O disposto no número anterior aplica-se, designadamente, às despesas previstas no artigo 23º e no nº 3 do artigo 24º do regime jurídico do processo de inventário aprovado pela Lei nº 23/2013, de 5 de março.

3 – Para efeito do disposto nos números anteriores, no prazo de 10 dias após a notificação da nota final de honorários e despesas, e sem prejuízo do disposto no artigo anterior, o interessado remete ao notário e aos demais interessados nota discriminativa e justificativa, acompanhada dos respetivos documentos comprovativos, da qual consta o montante total de custos que suportou, bem como o montante devido por cada um dos interessados, em função da proporção das respetivas responsabilidades.

4 – Os montantes referidos na parte final do número anterior são pagos diretamente à parte que os reclama.

Artigo 24º-B – Reclamação da nota discriminativa e justificativa

1 – O interessado que não concorde com a nota discriminativa e justificativa apresentada nos termos do artigo anterior, nomeadamente por não concordar com a qualificação dos custos efetuada ou com o cálculo relativo à proporção da responsabilidade de cada interessado, pode apresentar reclamação da nota no prazo de 10 dias após a notificação da mesma, devendo o notário decidir esse incidente em igual prazo.

2 – A reclamação da nota discriminativa e justificativa está sujeita ao depósito da totalidade do valor da responsabilidade do reclamante previsto na nota.

3 – Da decisão proferida cabe recurso para o juiz se o valor da responsabilidade do interessado exceder os € 5 000.

Artigo 24º-C – Custas de parte nos incidentes

1 – São igualmente devidas custas de parte nos incidentes, nos termos previstos no presente artigo.

2 – Para efeitos do disposto no número anterior, o notário, na decisão que ponha fim ao incidente, condena em custas a parte que a elas houver dado causa ou, não havendo vencimento, quem do incidente tirou proveito.

3 – Entende-se que dá causa às custas do incidente a parte vencida, na proporção em que o for.

4 – As custas da parte vencedora no incidente são suportadas pela parte vencida, na proporção do seu decaimento, determinado nos termos dos números anteriores.

5 – Compreendem-se nas custas de parte a serem pagas pela parte vencida:

a) Os valores dos honorários devidos pelo incidente suportados pela parte vencedora, na proporção do vencimento;

b) Os valores pagos pela parte vencedora a título de despesas;

c) Compensação da parte vencedora face às despesas com honorários do mandatário, até ao montante de 50% do somatório dos honorários do notário devidos pelo incidente pagos pela parte vencida e pela parte vencedora.

6 – Até cinco dias após a decisão do notário que põe termo ao incidente, a parte vencedora remete ao notário e aos demais interessados nota discriminativa e justificativa, da qual devem constar:

a) Indicação da parte, do processo e do mandatário;

b) Indicação, em rubrica autónoma, das quantias efetivamente pagas pela parte a título de honorários do notário;

c) Indicação, em rubrica autónoma, das quantias efetivamente pagas pela parte a título de despesas;

d) Indicação, em rubrica autónoma, das quantias pagas a título de honorários de mandatário, salvo quando as quantias em causa sejam superiores ao limite previsto na alínea *c*) do número anterior, caso em que o valor indicado é reduzido ao valor do limite;

e) Indicação do valor a receber, nos termos da presente portaria.

7 – As custas de parte são pagas diretamente pela parte vencida à parte que delas seja credora.

8 – A parte vencida pode reclamar da nota discriminativa e justificativa apresentada, no prazo de 10 dias após a notificação da parte vencedora, devendo esse incidente ser decidido pelo notário em igual prazo.

9 – A reclamação da nota justificativa está sujeita ao depósito da totalidade do valor da nota.

10 – Da decisão proferida pelo notário cabe recurso para o juiz se o valor da nota exceder os € 5 000.

CAPÍTULO V – Encerramento do processo

Artigo 25º – Termo e encerramento do processo

1 – Emitida a nota final de honorários e despesas, e após o pagamento da 3ª prestação de honorários, se esta for devida, e de eventuais despesas em falta, o cartório notarial procede ao encerramento do processo de inventário, competindo-lhe em exclusivo emitir as respetivas certidões relativamente a cada um dos interessados.

2 – As certidões referidas na parte final do número anterior apenas são emitidas, relativamente a cada interessado, depois de comprovado o pagamento dos honorários e despesas devidos ao notário por esse interessado, podendo o notário exercer direito de retenção sobre todos os bens, tornas e indemnizações do interessado que não procedeu ao respetivo pagamento.

CAPÍTULO VI – Apoio judiciário

SECÇÃO I – Pedidos

Artigo 26º – Pedidos de apoio judiciário
1 – Os pedidos de apoio judiciário são apreciados pelas entidades competentes como se de processo judicial se tratasse.
2 – [*Revogado*].
3 – [*Revogado*].
4 – [*Revogado*].

SECÇÃO II – Honorários notariais

Artigo 26º-A – Responsabilidade pelo pagamento dos honorários notariais nos casos de apoio judiciário
Sem prejuízo do disposto no artigo 26º-I, nos processos de inventário em que tenha sido concedido apoio judiciário, a algum ou alguns dos interessados, na modalidade de dispensa de pagamento da taxa de justiça e demais encargos com o processo, ou na modalidade de pagamento faseado de taxa de justiça e demais encargos com o processo, os honorários notariais cujo pagamento seja da responsabilidade do interessado que beneficia do apoio judiciário são suportados integralmente por fundo a constituir pela Ordem dos Notários após a sua consagração legal, mediante afetação de percentagem dos honorários cobrados em processos de inventário.

Artigo 26º-B – Pagamento dos honorários
1 – Compete à Ordem dos Notários regulamentar os termos em que os notários requerem ao fundo referido no artigo anterior o pagamento dos respetivos honorários, incluindo a documentação e informação que os notários devem remeter e os momentos e prazos em que deve ser efetuado o requerimento.
2 – Nos processos de inventário em que o pagamento dos honorários notariais se efetue nos termos previstos no presente capítulo, o prosseguimento do processo não fica dependente do pagamento dos honorários pelo fundo referido no artigo anterior.

Artigo 26º-C – Pagamento faseado
1 – Nos casos em que tenha sido concedido apoio judiciário na modalidade de pagamento faseado de taxa de justiça e demais encargos com o processo, o beneficiário deve efetuar os pagamentos faseados respeitantes aos honorários

junto do fundo referido no artigo 26º-A sendo os montantes desses pagamentos calculados nos termos previstos nos nºs 2 e 3 do artigo 16º da Lei nº 34/2004, de 29 de julho.

2 – Compete à Ordem dos Notários definir os meios pelos quais os beneficiários podem efetuar os pagamentos faseados, bem como os termos em que devem proceder à confirmação dos mesmos.

SECÇÃO III – Despesas

Artigo 26º-D – Responsabilidade pelo pagamento das despesas nos casos de apoio judiciário
1 – Sem prejuízo do disposto no artigo 26º-I, nos processos de inventário em que tenha sido concedido apoio judiciário, a algum ou alguns dos interessados, na modalidade de dispensa de pagamento da taxa de justiça e demais encargos com o processo, ou na modalidade de pagamento faseado de taxa de justiça e demais encargos com o processo, as despesas do processo cujo pagamento seja da responsabilidade do interessado que beneficia do apoio judiciário são suportadas pelo notário e posteriormente reembolsadas pelo IGFEJ.

2 – Excetuam-se do disposto no número anterior:

a) As despesas decorrentes de serviço prestado por terceiro, nomeadamente perito, tradutor, intérprete ou consultor técnico, os honorários de agente de execução, e as compensações devidas a testemunhas, sendo nestes casos o pagamento efetuado ao terceiro diretamente pelo IGFEJ, após a realização do serviço ou do ato que justifica o pagamento;

b) As despesas de correio, que são pagas diretamente pelo IGFEJ à entidade responsável pelo serviço postal, nos termos definido por protocolo celebrado entre o IGFEJ e a Ordem dos Notários;

c) Os emolumentos registais, cujo pagamento é feito através do respetivo desconto nas receitas do IGFEJ cobradas pelos serviços de registo.

Artigo 26º-E – Procedimento
1 – Nos casos previstos no artigo anterior, o notário deve solicitar à Ordem dos Notários a comprovação da despesa que realizou ou do serviço prestado por terceiro, juntando a esse pedido:

a) Tendo a despesa sido suportada pelo notário:

i) O número do processo de inventário;

ii) Nome completo do notário;

iii) Domicílio profissional do notário;

iv) Número de identificação fiscal do notário;

v) Número de identificação da conta bancária para a qual deve ser efetuado o pagamento;

vi) O montante devido;

vii) Documento comprovativo da realização da despesa pelo notário;

viii) Cópia do documento comprovativo da concessão de apoio judiciário;

b) Correspondendo a despesa a serviço prestado por terceiro:

i) O número do processo de inventário;

ii) Fatura do terceiro, emitida em nome do IGFEJ, correspondente ao serviço prestado, que deve conter os dados necessários ao processamento do pagamento, nomeadamente:

i) Nome completo;

ii) Domicílio profissional;

iii) Número de identificação da conta bancária para a qual deve ser efetuado o pagamento;

iv) Montante devido, com discriminação das obrigações fiscais, quando aplicáveis, designadamente IRS, IRC e IVA (continente ou ilhas);

iii) Cópia do documento comprovativo da concessão de apoio judiciário;

c) Correspondendo a despesa a compensação devida a testemunha:

i) O número do processo de inventário;

ii) Nome completo da testemunha;

iii) Domicílio da testemunha;

iv) Número de identificação fiscal da testemunha;

v) Número de identificação da conta bancária para a qual deve ser efetuado o pagamento;

vi) Montante devido;

vii) Requerimento da testemunha a solicitar o pagamento da compensação e documento comprovativo da audição da testemunha, acompanhado de declaração do notário certificando que o pagamento é da responsabilidade do beneficiário do apoio judiciário.

2 – Para além dos documentos e da informação previstos no número anterior, o IGFEJ pode determinar, por decisão do conselho diretivo, com possibilidade de delegação no respetivo presidente ou em qualquer dos seus vogais, a apresentação de outros documentos ou informação, em função da natureza ou tipo de despesa em causa.

3 – Os documentos e a informação previstos no número anterior só podem ser exigidos, para efeitos de validação de despesas, relativamente a despesas apresentadas para pagamento ao IGFEJ após a comunicação por este organismo à Ordem dos Notários do despacho referido no número anterior, competindo à Ordem a sua divulgação pelos notários.

4 – A Ordem dos Notários comprova a informação apresentada pelo notário tendo em conta o elenco de despesas elegíveis previsto no nº 1 do artigo 21º, bem

como a validade do documento apresentado pelo notário enquanto documento que comprove a efetiva realização da despesa ou da prestação do serviço.

5 – Após a comprovação referida no número anterior, a Ordem dos Notários remete ao IGFEJ a informação e os documentos remetidos pelo notário nos termos dos nºs 1 e 2.

6 – Recebida a informação prevista no número anterior, o IGFEJ, após validar a mesma, procede ao pagamento da despesa através de transferência bancária.

Artigo 26º-F – Comunicações

1 – As comunicações entre notários e a Ordem dos Notários previstas na presente secção são efetuadas nos termos definidos pela Ordem dos Notários.

2 – As comunicações entre a Ordem dos Notários e o IGFEJ previstas na presente secção são realizadas preferencialmente por via eletrónica, nos termos estabelecidos em protocolo celebrado entre as duas entidades, ou em suporte de papel.

3 – As comunicações entre a Ordem dos Notários e o IGFEJ realizadas em suporte de papel são efetuadas quinzenalmente, no primeiro e no décimo dia de cada mês, ou no primeiro dia útil seguinte, caso aqueles o não sejam.

Artigo 26º-G – Pagamento faseado pelo beneficiário de apoio judiciário

1 – Nos processos de inventário em que tenha sido concedido apoio judiciário na modalidade de pagamento faseado de taxa de justiça e demais encargos com o processo, o pagamento, pelo beneficiário do apoio judiciário, das prestações respeitantes às despesas é efetuado após a obtenção de documento único de cobrança, nos termos previstos na Portaria nº 419-A/2009, de 17 de abril, sendo o montante das prestações calculado nos termos do disposto no nº 2 do artigo 16º da Lei nº 34/2004, de 29 de julho, e o documento comprovativo do pagamento junto ao processo de inventário.

2 – Compete ao notário acompanhar o pagamento das prestações, devendo nomeadamente:

a) Solicitar ao beneficiário o seu pagamento enquanto este for devido;

b) Informar o beneficiário do momento em que não são devidas mais prestações, nomeadamente por o montante pago corresponder ao montante devido a título de despesas;

c) Informar o beneficiário da necessidade de retomar o pagamento de prestações quando tal se torne necessário, designadamente nos casos em que o notário solicite o pagamento de novas despesas e este seja validado pelo IGFEJ.

3 – No final do processo de inventário, o notário deve remeter ao IGFEJ as referências dos documentos comprovativos dos pagamentos das prestações apresentados pelo beneficiário.

HERANÇAS & PARTILHAS

4 – Nos casos em que ainda seja devido o pagamento de prestações após o encerramento do processo de inventário, os documentos comprovativos desses pagamentos devem ser apresentados pelo beneficiário junto do IGFEJ.

Artigo 26º-H – Auditoria

1 – O IGFEJ pode realizar, a todo o momento, auditoria a todas as fases do processo de pagamento dos honorários e despesas previsto na presente portaria.

2 – Para efeitos do disposto no número anterior, a Ordem dos Notários e os notários devem prestar toda a colaboração necessária à realização da auditoria.

SECÇÃO IV – Aquisição de meios económicos suficientes em virtude da decisão de partilha

Artigo 26º-I – Aquisição de meios económicos suficientes

1 – Nos processos de inventário em que algum interessado beneficie de apoio judiciário na modalidade de dispensa de taxa de justiça e demais encargos com o processo, o notário, quando procede à remessa do processo para o tribunal para efeitos da homologação da partilha prevista no nº 1 do artigo 66º do regime jurídico do processo de inventário aprovado pela Lei nº 23/2013, de 5 de março, deve requerer ao juiz que, nos termos do artigo 13º da Lei nº 34/2004, de 29 de julho, avalie se o interessado adquire, em função da decisão homologatória de partilha, meios económicos suficientes para pagar os montantes de cujo pagamento foi dispensado em virtude da concessão de apoio judiciário, e, se for o caso, o condene no ressarcimento dos montantes despendidos pelo fundo previsto no artigo 26º-A e pelo IGFEJ ao abrigo da presente portaria e da Lei nº 34/2004, de 29 de julho.

2 – Nos casos em que o juiz possa proferir decisão relativa ao pedido de homologação da partilha, mas não disponha ainda de elementos suficientes para apreciar a questão referida no número anterior, aquela é logo proferida, sendo a questão referida no número anterior decidida em apenso próprio.

3 – Nos casos em que o juiz determina, nos termos dos números anteriores, o ressarcimento dos montantes despendidos pelo fundo previsto no artigo 26º-A e pelo IGFEJ, o notário:

a) Notifica o interessado que beneficiou de apoio judiciário para, no prazo previsto na alínea *c)* do nº 6 do artigo 18º, proceder ao pagamento a essas entidades, bem como da 3ª prestação de honorários devidos pelo processo de inventário, caso haja lugar a esta;

b) Notifica o fundo previsto no artigo 26º-A e o IGFEJ da decisão do juiz na parte que lhes respeita, bem como da realização da notificação prevista na alínea anterior.

PORTARIA Nº 46/2015, DE 26 FEVEREIRO

4 – O ressarcimento dos montantes despendidos pelo fundo previsto no artigo 26º-A e pelo IGFEJ é condição necessária para a emissão da certidão de encerramento do processo de inventário relativamente ao interessado que deve proceder a esse ressarcimento, aplicando-se o disposto no nº 2 do artigo 25º

5 – No ressarcimento do fundo previsto no artigo 26º-A e do IGFEJ, seja voluntário seja através de ação executiva intentada para o efeito, é dada prioridade ao pagamento do fundo.

CAPÍTULO VII – Disposições finais

Artigo 27º – Custas do inventário em consequência de separação, divórcio, declaração de nulidade ou anulação de casamento
1 – Para efeitos do disposto no artigo 80º da Lei nº 23/2013, de 5 de março, a responsabilidade pelo pagamento das custas do inventário é determinada da seguinte forma:
a) A 1ª prestação de honorários é paga pelo cônjuge que requer o inventário;
b) A 2ª prestação de honorários é paga pelo cônjuge que não requereu o inventário;
c) A 3ª prestação de honorários, bem como todas as despesas, são pagas por ambos os cônjuges, na proporção de metade para cada um.
2 – Para efeitos do disposto na alínea *c)* do número anterior, o notário procede à emissão de duas referências multibanco, notificando cada cônjuge de apenas uma delas.
3 – O disposto nos números anteriores não prejudica o disposto no nº 2 do artigo 80º da Lei nº 23/2013, de 5 de março, devendo o notário, após requerimento da parte que pretende assumir a integralidade do pagamento das custas, emitir novas referências multibanco em conformidade.

Artigo 28º – Taxa suplementar em caso de falta de comparência na conferência preparatória
O montante da taxa suplementar prevista no nº 4 do artigo 47º da Lei nº 23/2013, de 5 de março, para os casos em que os interessados diretos na partilha que residam na área do município devidamente notificados para comparecerem ou se fazerem representar não compareçam ou não se façam representar, é de ½ UC.

Artigo 29º – Processos pendentes
Os processos de inventário instaurados até à data da entrada em vigor da Lei nº 23/2013, de 5 de março, mantêm a sua tramitação no tribunal, aplicando-se as disposições legais em vigor a 31 de agosto de 2013.

Artigo 30º – Revisão do regime

A aplicação das regras e do regime previstos na pre- sente portaria, será objeto de avaliação trimestral durante o primeiro ano de aplicação.

Artigo 31º – Entrada em vigor

A presente portaria entra em vigor no dia de entrada em vigor da Lei nº 23/2013, de 5 de março.

Anexo I
Honorários devidos pelo processo de inventário

Valor do processo (em euros)	Coluna A – Honorários (em UC e sujeitos a IVA à taxa legal em vigor).	Coluna B – Honorários nos casos de especial complexidade (em UC e sujeitos a IVA à taxa legal em vigor).
Até 2 000	1	1,5
De 2 000,01 a 8 000	2	3
De 8 000,01 a 16 000	3	4,5
De 16 000,01 a 24 000	4	6
De 24 000,01 a 30 000	5	7,5
De 30 000,01 a 40 000	6	9
De 40 000,01 a 60 000	7	10,5
De 60 000,01 a 80 000	8	12
De 80 000,01 a 100 000	9	13,5
De 100 000,01 a 150 000	10	15
De 150 000,01 a 200 000	12	18
De 200 000,01 a 250 000	14	21
De 250 000,01 a 275 000	16	24

Para além dos € 275 000, ao montante dos honorários acresce, por cada € 25 000 ou fração, 3 UC no caso da coluna A, e 4,5 UC no caso da coluna B.

PORTARIA Nº 46/2015, DE 26 FEVEREIRO

Anexo II
Honorários devidos pelos incidentes

Incidente	Coluna A Honorários (em UC e sujeitos a IVA à taxa legal em vigor)	Coluna B Honorários em casos de especialcomplexidade (em UC e sujeitos a IVA à taxa legal em vigor)
Incidente de intervenção provocada principal ou acessória de terceiros e oposição provocada (de valor, calculado nos termos previstos no Código de Processo Civil, até € 30 000).	2	
Incidente de intervenção provocada principal ou acessória de terceiros e oposição provocada (de valor, calculado nos termos previstos no Código de Processo Civil, igual ou superior a € 30 000,01).	4	Entre 7 e 14
Outros incidentes.............................	0,5 a 5 UC	

Anexo III
Requerimento de Inventário

REQUERIMENTO DE INVENTÁRIO

(Os campos de preenchimento obrigatório encontram-se identificados por um *)

1. IDENTIFICAÇÃO DO CARTÓRIO NOTARIAL

Denominação*:

Município*:

Morada*:

2. FIM DO INVENTÁRIO*

Partilha de bens por herança ☐

Partilha por separação, divórcio, declaração de nulidade ou anulação de casamento ☐

Relacionar os bens objeto da sucessão ☐

3. IDENTIFICAÇÃO DO REQUERENTE E QUALIDADE EM QUE INTERVÉM

Nome completo*:

Estado Civil*:

Documento de identificação* - Tipo:

N.º:

Número de identificação fiscal *:

Residência*:

Qualidade em que intervém*:

Cônjuge ☐

HERANÇAS & PARTILHAS

Ascendente ☐   Grau_____

Descendente ☐   Grau_____

Herdeiro testamentário ☐

Representante legal[1] ☐

Ex-Cônjuge ☐

Outros ☐ Qual_____

3.1. (1) – Caso intervenha na qualidade de representante legal, identificar:

    3.1.1 Razão da representação legal*:
         3.1.1.1 Menoridade ☐

         Indicar relação de parentesco com o menor, se existir:

         3.1.1.2 Incapacidade ☐ Qualidade_____
         Indicar relação de parentesco com o incapaz, se existir:
         3.1.1.3 Ausência em parte incerta ☐ Qualidade_____
         Indicar relação de parentesco com o ausente, se existir:

    3.1.2 Identificação do representado:
         Nome completo do representado*:

         Estado Civil*:

         Documento de identificação* - Tipo:

                 N.º::

         Número de identificação fiscal*:

         Residência*:

3.1.3 Se o representante legal for igualmente interessado no inventário, indicar em que qualidade*:

4. OUTROS ELEMENTOS RELACIONADOS COM O TIPO DE INVENTÁRIO

4.1 – EM CASO DE PARTILHA DE BENS POR HERANÇA OU DE RELACIONAÇÃO DOS BENS OBJETO DA SUCESSÃO:

    4.1.1 Identificação do inventariado:

        Nome completo*:

        Estado Civil*:

        Número de identificação fiscal:

        Último domicílio*:

4.1.2 Pretende-se cumulação de inventários*:

        Sim ☐   Não ☐

    4.1.2.1 No caso de cumulação de inventários:

        4.1.2.1.1 Razão da cumulação*:

        a) Serem as mesmas as pessoas por quem tenham de ser repartidos os bens ☐

        b) Heranças deixadas pelos dois cônjuges ☐

        c) Dependência entre as partilhas ☐

PORTARIA Nº 46/2015, DE 26 FEVEREIRO

4.1.2.1.2 Identificação do(s) outro(s) inventariado(s):

1. Nome completo*:

   Estado Civil*:

   Número De Identificação Fiscal:

   Último domicílio*:

2. Nome completo*:

   Estado Civil*:

   Número de identificação fiscal:

   Último domicílio*:

3. Nome completo*:

   Estado Civil*:

   Número de identificação fiscal:

   Último domicílio*:

(Nota: No caso de cumulação de inventários em número superior aos supra identificados inventariados, mencionar este facto e identificar restante(s) inventariado(s) no campo das "Observações")

4.1.3 Indicação genérica da existência de bens ou testamento*:

Existem bens a partilhar: Sim ☐ Não ☐

Existe testamento: Sim ☐ Não ☐

4.1.4 Identificação do cabeça-de-casal*:

a) Se o cabeça-de-casal for o próprio requerente ☐

b) Se o cabeça-de-casal não for o próprio requerente ☐ identificar:

   Nome completo do cabeça-de-casal*:

   Estado Civil*:

   Número de identificação fiscal:

   Residência*:

4.2 – EM CASO DE PARTILHA POR SEPARAÇÃO, DIVÓRCIO, DECLARAÇÃO DE NULIDADE OU ANULAÇÃO DE CASAMENTO:

4.2.1 Regime de bens*:

Comunhão geral ☐

Comunhão de adquiridos ☐

Outro ☐ Qual:_____

4.2.2 Identificação do cônjuge ou ex-cônjuge:

Nome completo*:

HERANÇAS & PARTILHAS

Estado Civil*:

Número de identificação fiscal:

Residência*:

4.2.3 Identificação do cabeça-de-casal*:

a) Se o cabeça-de-casal for o próprio requerente ☐

b) Se o cabeça-de-casal for o requerido ☐

5. VALOR DO INVENTÁRIO*: € _____ , ____

(Por extenso:)

6. DOCUMENTOS JUNTOS:

6.1 Assinalar com x os documentos que junta, atendendo ao tipo de inventário e respetivo requerente*:

a) Certidão de Óbito do Inventariado ☐

b) Certidões de Óbito dos outros Inventariados ☐

c) Certidão da separação, divórcio, declaração de nulidade ou anulação do casamento ☐

d) Outros documentos ☐

Quais:_____

_____

_____

_____

_____

_____

7. OBSERVAÇÕES

_____

_____

_____

_____

_____

_____

_____

_____

_____

Assinatura do requerente:_____

ÍNDICE

PARTE I – A PARTILHA DA HERANÇA 5

CAPÍTULO I – QUANDO HAJA HERDEIROS LEGITIMÁRIOS 7

A – SEM DOAÇÕES NEM TESTAMENTOS 7

1. Cônjuge único herdeiro 9
2. Sendo herdeiros o cônjuge e os descendentes 10
3. Sendo herdeiros o cônjuge e ascendentes 12
4. Descendente único herdeiro 12
5. Sendo herdeiros apenas descendentes 13
6. Sendo herdeiro(s) só ascendente(s) 13

B – HAVENDO DOAÇÕES E TESTAMENTOS 13

1. Cônjuge único herdeiro legitimário 16
2. Sendo herdeiros o cônjuge e descendentes 28
   2.1. Com doações a descendentes, sujeitas às regras gerais da colação 28
      2.1.1. Os bens deixados chegam para igualar todos os descendentes 30
      2.1.2. Os bens deixados não chegam para igualar todos os descendentes 33
      2.1.3. Os bens deixados chegam para compor as legítimas, mas não para igualar ou aproximar as quotas dos partilhantes 35
      2.1.4. Os bens deixados não chegam sequer para compor as legítimas 37
   2.2. Com doações a descendentes, por conta da legítima (sujeitas à colação absoluta) 39

HERANÇAS & PARTILHAS

2.2.1. Os bens deixados chegam para igualar todos
os descendentes — 39

2.2.2. Os bens deixados não chegam para igualar
todos os descendentes — 40

2.2.3. Os bens deixados chegam para compor
as legítimas, mas não para igualar ou aproximar
as quotas dos partilhantes — 42

2.2.4. Os bens deixados não chegam sequer
para compor as legítimas — 43

CAPÍTULO II – SUCESSÃO LEGÍTIMA POR VIA COLATERAL — 45

A – O DE CUIUS DISPÔS, ENTRE VIVOS OU " MORTIS CAUSA"
DE TODOS OS BENS — 46

B – O DE CUIUS NÃO DISPÔS, ENTRE VIVOS OU "MORTIS CAUSA"
DE TODOS OS BENS — 47

1 – Havendo um irmão do falecido — 47

2 – Havendo mais do que um irmão do falecido — 47

3 – Havendo um sobrinho do falecido — 47

4 – Havendo mais do que um sobrinho do falecido — 47

5 – Havendo um ou mais tios do falecido — 48

6 – Havendo um ou mais tios-avós ou primeiros primos
do falecido — 48

CAPÍTULO III – PARTILHA POR ACORDO — 49

Regime de balcão único — 49

CAPÍTULO IV – PARTILHA POR INVENTÁRIO — 51

1. Direito de exigir partilha — 52

2. Processo de Inventário — 52

A marcha do processo de inventário — 53

a) Requerimento do inventário – artigo 21º — 54

b) Nomeação, substituição, escusa ou remoção
do cabeça-de-casal – artigo 22º — 58

c) Declarações do cabeça-de-casal – artigo 24º — 59

d) Se o processo dever prosseguir, são citados para
os seus termos – artigo 28º — 61

e) Relação de bens – artigos 25º e 26º — 62

Direitos de crédito	63
Títulos de crédito	64
Dinheiro, moedas estrangeiras, objetos de ouro, prata, pedras preciosas e semelhantes	64
Estabelecimento comercial e industrial	64
Restantes coisas móveis	64
Bens imóveis	65
Benfeitorias	65
Dívidas	66
f) Reclamação contra a relação de bens – artigo 32º	66
g) Avaliação feita por um único perito nomeado pelo notário – artigo 33º	66
h) Conferência preparatória da conferência de interessados – Artigos 47º e 48º	67
1 – Composição de quinhões	69
2 – Aprovação do passivo, da forma de cumprimento dos legados e demais encargos da herança	69
3 – Questões cuja resolução possa influir na partilha	69
4 – Pedidos de adjudicação de bens	69
i) Conferência de interessados Artigos 49º a 56º	71
Do apuramento da inoficiosidade	71
j) Licitações	73
l) Despacho sobre a forma da partilha	73
m) Mapa da partilha Artigos 59º a 62º	75
n) Reclamações contra o mapa, artigo 63º	77
o) Decisão homologatória da partilha, artigo 66º	78

PARTE II – PARTILHA EM VIDA — 79

PARTE III – DOAÇÕES — 81

CAPÍTULO I – DOAÇÕES POR MORTE — 83

CAPÍTULO II – DOAÇÕES (*INTER VIVOS*) — 87

CAPÍTULO III – REDUÇÃO DAS DOAÇÕES POR INOFICIOSIDADE — 93

CAPÍTULO IV – REVOGAÇÃO DAS DOAÇÕES — 97

Ação de revogação – Artigo 976º, do Código Civil	98
A revogação por ingratidão tem de ser obtida por via judicial	98

PARTE IV – TESTAMENTOS   99

Formas de Testamento   102

Lei nº 23/2013 de 5 de março   105

CAPÍTULO I – Disposições gerais   113

CAPÍTULO II – Do processo de inventário   121

SECÇÃO I –Do requerimento inicial e das declarações do cabeça-de-casal   121

SECÇÃO II – Das citações e notificações   124

SECÇÃO III – Das oposições   125

SECÇÃO IV – Das respostas do cabeça-de-casal   127

SECÇÃO V – Das dívidas   128

SECÇÃO VI – Da conferência preparatória   130

SECÇÃO VII – Da conferência de interessados   132

SECÇÃO VIII – Do apuramento da inoficiosidade   132

SECÇÃO IX – Da partilha   135

CAPÍTULO III – Disposições complementares e finais   146

Portaria nº 46/2015 de 23 setembro   147

CAPÍTULO I – Disposição geral   150

CAPÍTULO II – Alterações à Portaria nº 278/2013, de 26 de agosto   151

CAPÍTULO III – Apoio Judiciário – regime transitório   169

CAPÍTULO IV – Disposições finais   172

Índice   205